高职高专连锁经营主干课规划教材

主 编 杨 刚

副主编 查伟华 司银霞

连锁企业采购与配送管理

厦门大学出版社
XIAMEN UNIVERSITY PRESS
国家一级出版社
全国百佳图书出版单位

图书在版编目(CIP)数据

连锁企业采购与配送管理 / 杨刚主编. —厦门：厦门大学出版社，2016.2
(高职高专连锁经营主干课规划教材)
ISBN 978-7-5615-5902-4

Ⅰ.①连… Ⅱ.①杨… Ⅲ.①连锁企业-采购管理-高等职业教育-教材②连锁企业-物资配送-高等职业教育-教材 Ⅳ.①F717.6

中国版本图书馆 CIP 数据核字(2016)第 006876 号

出 版 人	蒋东明
责任编辑	吴兴友
装帧设计	蒋卓群
责任印制	吴晓平

出版发行	厦门大学出版社
社　　址	厦门市软件园二期望海路 39 号
邮政编码	361008
总 编 办	0592-2182177　0592-2181253(传真)
营销中心	0592-2184458　0592-2181365
网　　址	http://www.xmupress.com
邮　　箱	xmupress@126.com
印　　刷	厦门市明亮彩印有限公司印刷

开本	720mm×970mm　1/16
印张	12
字数	220 千字
印数	1～3 000 册
版次	2016 年 2 月第 1 版
印次	2016 年 2 月第 1 次印刷
定价	28.00 元

本书如有印装质量问题请直接寄承印厂调换

厦门大学出版社
微信二维码

厦门大学出版社
微博二维码

前 言

目前连锁经营这一组织形式在综合零售业、酒店住宿业、餐饮业等行业的应用日益广泛,同时连锁企业间的竞争也日趋激烈。为提升竞争力,许多连锁企业开始从粗放型发展转向集约型发展,从追求网点数量转向追求运营效益。在这一背景下,作为连锁企业经营核心业务之一的采购和配送管理,越来越受到企业的重视。高效的采购和配送管理,可以有效提升企业竞争力和盈利能力。

本教材以连锁企业采购与配送工作流程为主线,选取商品采购计划编制、采购谈判与合同管理、供应商管理、进货作业管理、商品在库管理、出货作业管理、配送优化管理等七个典型工作环节作为学习内容;采用项目化教学,把专业知识学习与实际问题解决有机结合,使学习者在系统掌握专业知识的同时,得以培养和锻炼相关专业技能。

本教材由浙江经贸职业技术学院与杭州联华华商集团有限公司共同编写,浙江经贸职业技术学院杨刚任主编,查伟华、司银霞任副主编。其中杨刚负责模块一、二、三、四的编写,查伟华负责模块七、八的编写,司银霞负责模块五、六的编写,杭州联华华商集团有限公司人力资源部王训成、世纪联华杭州和平店杨荣辉负责模块九的编写,并负责案例、表格、流程的提供和整理。

本教材在编写过程中参考和借鉴了一些专家、同仁的著作、论文,在此表示诚挚的感谢!由于编者精力和水平有限,错误和疏漏之处在所难免,敬请广大读者不吝赐教,以便本教材的不断完善。

编者

2016 年 1 月

目 录

项目一　连锁企业采购与配送概述……………………………………………… 1
项目二　连锁企业采购计划编制…………………………………………………… 11
　　任务一　采购需求分析………………………………………………………… 11
　　任务二　采购预算编制………………………………………………………… 27
　　任务三　采购计划制订………………………………………………………… 38
项目三　采购谈判与合同管理……………………………………………………… 48
　　任务一　商品采购谈判………………………………………………………… 48
　　任务二　商品采购合同签订…………………………………………………… 61
　　任务三　商品采购合同履行…………………………………………………… 66
项目四　供应商管理………………………………………………………………… 74
　　任务一　供应商关系管理……………………………………………………… 74
　　任务二　供应商选择…………………………………………………………… 82
　　任务三　供应商绩效评估……………………………………………………… 90
项目五　进货作业管理……………………………………………………………… 96
　　任务一　订单处理……………………………………………………………… 96
　　任务二　商品入库流程管理…………………………………………………… 101
项目六　商品在库管理……………………………………………………………… 110
　　任务一　储位及商品堆垛管理………………………………………………… 110
　　任务二　盘点管理……………………………………………………………… 122
项目七　商品出库管理……………………………………………………………… 129
　　任务一　出货作业管理………………………………………………………… 129
　　任务二　分拣作业管理………………………………………………………… 134
　　任务三　补货及退货…………………………………………………………… 143
项目八　配送优化管理……………………………………………………………… 149
　　任务一　连锁企业配送中心选址优化………………………………………… 149

任务二　连锁企业配送路线优化……………………………………… 155
任务三　配送运输和配载优化……………………………………… 164
任务四　配送绩效分析……………………………………………… 171
项目九　连锁企业采购与配送新趋势…………………………………… 177

总　序

伴随着经济全球化和区域经济一体化的迅速发展,连锁经营已成为商品流通业中最具活力的经营方式,在零售业、餐饮业、酒店住宿业等服务行业中得到普遍应用。据中国连锁经营协会统计,2012年我国连锁百强销售规模达到1.87万亿元,同比增长10.8%;自1997年以来,我国连锁百强已经连续15年保持两位数增长。连锁业的快速增长形成了对连锁经营管理人才的巨大需求,尤其是对中基层经营管理人才的需求。可以预见,作为世界上连锁经营体系规模最为庞大、最具发展潜力的国家,中国未来连锁行业的人才需求还将持续走高,加大连锁专业人才培养将是经济和社会发展的必然要求。

为了满足连锁企业对人才的需求,全国许多高职院校相继开设了连锁经营管理及相关专业,为社会培养了大批专业人才。例如,浙江经贸职业技术学院连锁经营管理专业,作为浙江省内首家培养连锁经营管理人才的专业,经过十多年建设,成效显著,先后被确定为浙江省高职高专重点建设专业、特色专业和优势专业;累计为社会培养了一千多名高质量毕业生,为地区经济和社会的发展提供了强有力的支持。

教材是教学开展的重要载体,是人才培养的蓝本。经过多年的探索,高职教育的定位越来越清晰。教育部颁布的《国家教育事业发展第十二个五年规划》明确指出:"高等职业教育重点培养产业转型升级和企业技术创新需要的发展型、复合型和创新型的技术技能人才",强调要"充分发挥劳动力市场对人才培养的引导作用,根据产业需求优化专业结构,促进职业教育与劳动力市场的开放衔接,推动职业院校面向市场自主办学"。这就要求高等职业教育的课程设计应以提高学生职业道德和职业技能,满足产业发展需求为目标。但目前,我国职业教育课程改革和教材开发还远远不能满足新形势下社会经济发展对高职教育的要求。

厦门大学出版社为推进高职高专院校教材建设,更好地满足社会对高职教育的需求,组织经验丰富的教师和资深行业企业专家,共同编写了这套"高职高专连锁经营主干课规划教材"。本套教材编写过程中,依据中国连锁行业校企合作工作组的岗位标准和人才成长路径研究成果,并引入了国家职业标准。本套教材在理论上,既有对行业发展先进理论的阐述,又有对国内连锁经营企业特色的总结;在实务上,紧密联系连锁多业态运营现状,突出应用型人才培养的特色,并展示出连锁企业的未来发展趋势;具有实践性强、指导明确和通俗易懂的特点。

本套教材在体例安排、内容设置、教法运用等方面,进行了一些尝试和探索,意在为高职高专教材建设尽一份绵薄之力。尽管我们投入了很大精力,但由于时间和水平有限,不足之处在所难免,期待连锁经营管理相关专业广大师生和连锁行业从业人员提出宝贵建议。

浙江经贸职业技术学院院长

2013 年 12 月

项目一　连锁企业采购与配送概述

采购与配送是连锁企业核心业务活动之一,也是连锁企业竞争力的重要体现和组成部分。采购与配送活动的组织和管理直接关系着连锁企业的效率和效益。

一、连锁企业采购的含义及特征

采购是指以最低的总成本,在需要的时间与地点,以最高效率,获得最适当数量与品质的物资,并顺利及时交由需求单位使用的过程。采购概念可以从狭义和广义两个方面来理解,从狭义角度看,所谓采购就是以购买方式来获得商品,及企业根据需求编制采购计划、审核采购计划、选择供应商、经过双方的商务谈判确定价格和支付条件,最终签订采购合同并按要求收货付款的过程;而广义的采购还包括通过租赁、借贷和交换等途径来获得商品。

连锁企业采购是采购活动中的一种,同其他企业采购有共同点也有差异。连锁企业采购的主要特征有:

1.实行统一采购制度

对于连锁经营企业来说,其真正的核心竞争力在于实行统一采购制度。只有实施了统一采购制度,才能真正做到统一陈列、统一配送、统一促销策划、统一核算,才能真正发挥连锁经营的规模经济效应。

在连锁经营中,商品采购权主要集中在总部,由总部设立专门的采购部门或配送中心,承担采购任务,各门店一般不承担采购职能。统一采购是连锁经营的基本特征,是连锁企业实现规模化经营的关键环节。与传统商业分散采购相比,统一采购有利于降低采购成本,规范采购行为和稳定商品质量。

2.购销业务统分结合

虽然连锁企业实行统一的采购和购销分离的经营体系,但总部采购人员的职责绝不仅仅是将商品采购进来,他们还要对商品的销售负责,统一规划促销活动。这就促使采购人员在决定采购商品前应及时掌握销售动态,真正做到"以销定购",同时门店也可在总部授权下对少数具有特殊配送要求的商品进行采购和加工,如生鲜食品中的叶菜、鲜活水产品、熟食等。

3.采购计划性强

连锁企业采购计划的制订,建立在对市场状况和供应商情况进行深入调查研究的基础上,充分体现了消费的需求和商品的供应趋势。因此,连锁企业的商品采购必须制订周密的计划,并按严格的程序执行,以此体现连锁企业的经营方向和经营方针。

4.采购批量大

连锁企业由于拥有庞大的销售网络体系,占据众多的零售终端渠道,实现巨额的销售业绩,因此,与其他形式的企业相比较,其商品采购批量特别大。这导致连锁企业在与供应商进行采购谈判时处于相对优势的地位。连锁企业有条件在互惠互利的基础上,要求进入连锁销售网络的供应商以较低的价格提供商品,从而降低成本,提高利润。

二、连锁企业采购制度

采购制度,是指企业采购中使用的采购方式和采购行为准则。在实际工作中,采购制度主要有三种:集中采购制度、分散采购制度、混合采购制度。具体选择何种采购制度,取决于该企业的规模、地理条件、产品种类等。

(一)集中采购制度

集中采购是指企业在核心管理层建立专门的采购机构,统一组织企业所需物品的采购进货业务。通常情况下,大型连锁企业都采用集中采购制度。

集中采购制度图示如图1-1。

1.集中采购制度的优点

①价格优惠。通过对采购计划进行整合,集中采购可以使采购数量增加,提高与卖方的谈判力量,比较容易获得价格折扣和良好的服务。

②管理统一。集中采购由专门的采购部门来处理所有的采购业务,而其他部门对很多物资都无权采购,这样保证公司采购正常与作业规划比较容易统一。

③节约成本。采购功能集中,可以精简人力,利于人才培养与训练;推行专业分工,可以使采购作业成本降低,效率提升;建立各部门的共同物料标准规模,除可以简化种类、互通有无外,也可节省检验工作。

④统筹规划。可以统筹规划供需数量,避免各自为政,产生过多的存货,并且各部门的过剩物资可以相互转用。

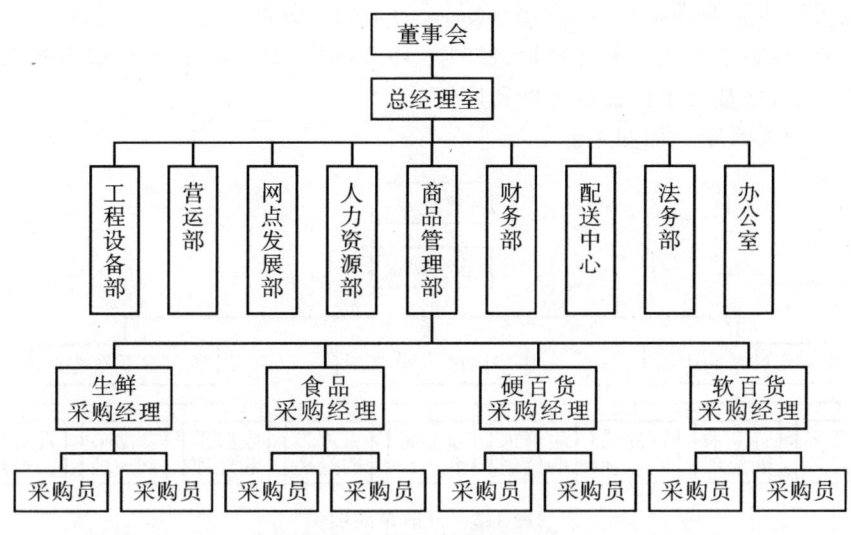

图1-1 集中采购制度图

⑤易于与供应商建立长期关系。集中采购易于稳定本企业与供应商之间的关系,得到供应商技术开发、货款结算、售后服务支持等诸多方面的支持与合作。

2.集中采购制度的缺点

①采购流程过长,延误实效;零星、地域性及紧急采购状况难以适应。

②非共同性物料集中采购,并无数量折扣利益。

③采购与使用单位分离,采购绩效比较差。例如,规格确认、物品转运等费事耗时。

3.适用条件

①企业产销规模不大,采购量比较小,全企业只要一个采购单位来办理,即可充分满足各部门对产品或劳务的需求。

②企业各部门及工厂集中一个地方,采购工作并无因地制宜的必要。或采购部门与需求单位虽然不在同一个地方,但是因为距离并不遥远,通信工具相当便捷,采购工作集中由一个单位办理,不至于影响需求实效。

③企业虽然有多个生产机构,但产品种类大同小异,集中采购可以达到"以量限价"的效果,采购规模效应明显。

(二)分散采购制度

分散采购是将采购工作分散给各需求部门自行办理,由企业下属各单位或各门店实施的满足自身生产经营需要的采购。分散采购是集中采购的完善和补充,有利于采购环节与存货、供料等环节的协调配合,有利于增强基层工作责任心,使基层工作富有弹性和成效。

分散采购图示如图1-2。

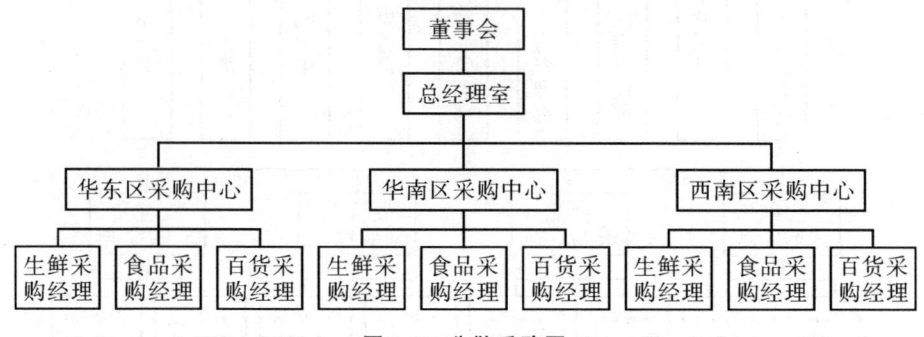

图1-2 分散采购图

1.分散采购制度的优点

①分散采购对利润中心直接负责。分散采购时采购部门不向总部负责,而是直接向本级部门负责,对子(分)公司利益负责,对本级公司利润负责。

②对于内部用户有更强的顾客导向。

③较少的官僚采购程序。分散采购由各部门、各子(分)公司负责,无须总部控制,大大减少了采购审批、核准等程序。

④更少的内部协调。分散采购由各部门、各子(分)公司自己负责,部门之间或公司之间联系较少,对部门间、公司间内部协调要求不高。

⑤与供应商直接沟通。分散采购部门、各子(分)公司直接与供应商联系,需求信息能较及时、准确地传递到供应商,使其做出快速反应。

2.分散采购制度的缺点

①分散采购能力,缺乏规模经济。

②缺乏对供应商的统一态度。

③分散的市场调查。

④对不同的经营单位可能存在不同的商业采购条件。

3.适用条件

①离主厂区或集团供应基地、配送中心较远,其供应成本低于集中采购时的成本,如异国、异地等。

②分散采购优于集中采购的物品,包括费用、时间、效率、质量等因素均有

利,而不影响正常的生产与经营情况。如连锁企业的生鲜食品。

③小批量、单件、价值低、总支出在产品经营费用中所占比重小的物品。

④市场资源有保证,易于送达,较少的物流费用。

(三)混合采购制度

混合采购制度就是有些商品采用集中采购制度,由公司统一采购;而有些商品采用分散采购制度,由分公司或部门自行采购。

混合采购制度图示如图1-3。

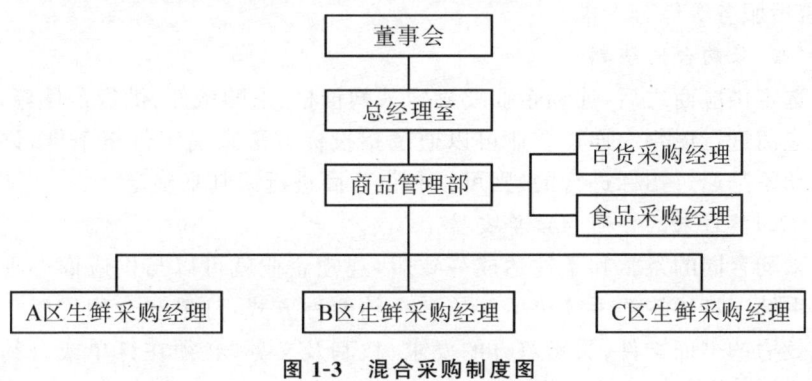

图1-3 混合采购制度图

三、连锁企业采购流程

连锁企业采购作业流程会因采购方式及采购对象等不同而在作业环节上有所差异,但一个完整的采购过程,通常包括以下几个基本环节。

(一)确认采购需求——请购

任何采购都产生于企业中某个部门的确切需求。企业各部门应该清楚地了解本门店对商品的需求:需要什么、需要多少、何时需要等。采购部门根据各门店商品的需要加以汇总,从而进行采购。

(二)需求商品的说明

如果不了解使用部门到底需要什么,采购部门就不可能进行采购。因此,在确认需求之后,要对需求商品的细节加以描述,包括商品品质、包装、售后服务、运输及检验方式等,均加以准确说明和描述,以便使商品来源选择及价格谈判等作业能顺利进行。

为减少工作量,以及避免需求商品说明中出现误差,建议在需求商品说明中,用来描述所需服务或物品的字眼应该统一,为了避免误解可编写合适的名词手册。确保词汇统一的一个有效方法是采购部门要保留一份文件,列出经常购买的物品的名称,这份文件要完善的规划、精心的维护,而且要不断更新,这样才有利于推动采购工作中对物品一致性的认识。

(三)选择供应商

明确了采购需求之后,连锁企业就可以开始市场考察,以选择供应商。首先在原有供应商中选择业绩良好的厂商,通知其报价,或者采用各种方式选择新的供应商。供应商的选择是连锁企业采购活动中较重要的一环,它涉及企业是否能购买到所需的产品或服务。供应商的选择应结合价格、质量、交货时间、售后服务等综合考虑。

(四)采购合同谈判

选定供应商之后,连锁企业要确定采购价格、采购条件、供货条件等,以便与供应商进行谈判。连锁企业可以通过招投标方法来确定价格条件,许多采购活动不是通过招标进行的,则可以和供应商进行谈判来确定。

(五)签订采购合同和订单安排

采购合同的条款和条件达成一致后,连锁企业就可以与供应商办理订货签约手续。订货签约手续包括订单和合约两种方式:订单和合约均属于具有法律效力的书面文件,买卖双方的要求、权利及义务,必须在订单或合约中予以说明。在实际买卖中,供应商有自己的销售订单,而采购商也有自己的采购订单,到底选用哪一方准备的文书有时取决于双方相对实力的强弱、采购物品的特点、交易的复杂程度等。

(六)商品跟踪和催货

连锁企业把采购订单发给供应商之后,应对订单进行跟踪和催货。当订单发出的时候,同时会确定相应的跟踪接触日期。

跟踪是对订单所做的例行追踪,以便确保供应商能够履行其商品发运的承诺。如果出现问题,如发运方面或货物质量、数量等方面的问题,可以尽早准备。跟踪的方式可以是电话或系统。不同类型的供应商,跟踪过程不同。对于加工型供应商,其备料、加工、组装、调试等过程均需一一跟踪;对于存货型供应商,只需从库房中调集相关产品及适度处理,即可发往买家。

催货是对供应商施加压力,以便其履行最初做出的发运承诺,提前发运商品或加快已经延误的订单涉及的商品的发运。催货适用于采购订单的一小部分。在订货以前,企业已经对供应商作了全面的分析,那基本上所有的供应商都是可靠的。特殊情况除外,如货源紧张等。

(七)商品验收和发票的核对

商品的验收是采购活动的一个重要环节,连锁企业一般都会集中验收,验收部门直接或间接地向采购部门负责。

一般商品由配送中心负责验收,包括品质和数量;特殊商品则由使用部门、品管单位负责品质验收,物料部仅负责点收数量。在验收商品时,可根据供应商的表现进行严格检验或放宽检验,也可根据不同商品的重要程度选择不同的检验方法。发现短缺现象或质量与订单不符的情况,都要写出详细的报告交给采购部门。

(八)验收不符与退货处理

凡所交货品与合约规定不符而验收不合格者,应依据合约规定退货,并立即办理,予以结案。

对于偶然性的质量问题,可由配送中心或订单人员通知供应商。对于多次存在的质量问题,由认证人员正式向供应商发出质量整改通知书,限期进行改正。对于重大问题或经常有问题的,由认证部门组织专题会议,讨论质量问题的对策,确认原因是采购方案的问题还是供应商的问题,如果是前者,则修正方案;如果是后者,则要对供应商进行处理,包括罚款、质量整改、降级使用、取消供应商资格等。对于致命或严重缺陷的应考虑换货,同时根据需求的紧急情况确定是重新采购还是等待供应商整改。

(九)结案

验收合格付款,或验收不合格退货,均须办理结案手续,清查各项书面资料(合同、订单、验收单、发票、申请付款单等)有无遗失、绩效好坏等,报高级管理层或权责部门核阅批示。

(十)记录与档案维护

凡经结案批示后的采购案件,均应列入档案,登记编号分类,予以保管,以备今后选择供应商时参阅或事后发生问题时查考。

四、连锁企业配送概念及特点

(一)概念

商品配送是按用户订货要求,在配送中心或物流节点进行商品配备,并以最合理的方式送交用户的经济活动。连锁企业配送可以从两个方面理解:

(1)商品配送的本质是送货,一方面是指连锁企业在向门店送货的过程中,有确定的组织和比较明确的供货渠道,有相关的制度进行约束;另一方面是指连锁企业的送货是一种建立在备货和配货基础之上、按照门店的要求组织和安排的一种经营活动。

(2)商品配送是综合性的、一体化的物流运动。从运动环节上看,包含着商品运输、集货、存储、理货、拣选、配货、配装等活动；从运作程序上看，商品配送贯穿着收集信息、备货、运送商品。

（二）特点

连锁企业配送有如下特点：

(1)满足门店的订货要求，并强调送货方式的合理性。对于连锁企业而言，配送应强调送货方式的合理性，即在时间、速度、服务水平、成本、数量等多方面寻求最佳。

(2)以支线运输为主。连锁企业的配送活动离不开运输，但它大多数情况下属于终端运输，大部分运输限于一定的地域之内，具有路线短、规模小、频率高等特点。

(3)"配"与"送"的有机结合。连锁企业的配送就是把"配"和"送"有机结合在一起，利用有效的分拣、配货等作业，使送货达到一定的规模，利用规模优势取得较低的送货成本。

五、配送中心主要功能

配送中心就是从事货物配备(集货、加工、分货、拣选、配货)和组织对用户的送货，以高水平实现销售和供应服务的现代流通设施。配送中心与传统的仓库、运输是不一样的，一般的仓库只重视商品的储存保管，一般传统的运输只是提供商品运输配送而已，而配送中心重视商品流通的全方位功能，同时具有商品储存保管、分拣配送、流通加工及信息提供的功能。

一是储存保管功能。商品的交易买卖达成之后，除了采取直配直送的批发商之外，均将商品经实际入库、保管、流通加工包装后出库，因此配送中心具有储存保管的功能。

二是分拣配送功能。对连锁企业而言，配送中心最重要功能就是分拣配送，因此配送中心必须根据门店的要求进行分拣配货作业，并以最快的速度送达客户手中或者是指定时间内配送到客户。

三是流通加工功能。配送中心的流通加工作业包含分类、磅秤、大包装拆箱改包装、产品组合包装、商标、标签粘贴作业等。这些作业是提升配送中心服务品质的重要手段。

四是信息提供功能。配送中心除了具有行销、配送、流通加工、储存保管等功能外，更能为配送中心本身及上下游企业提供各式各样的信息情报，以供配送中心营运管理政策制定、商品路线开发、商品销售推广政策制定作参考。

六、配送中心工作流程

配送中心的特性或规模不同,其营运涵盖的作业项目和作业流程也不完全相同,但其基本作业流程大致可归纳如图1-4所示。

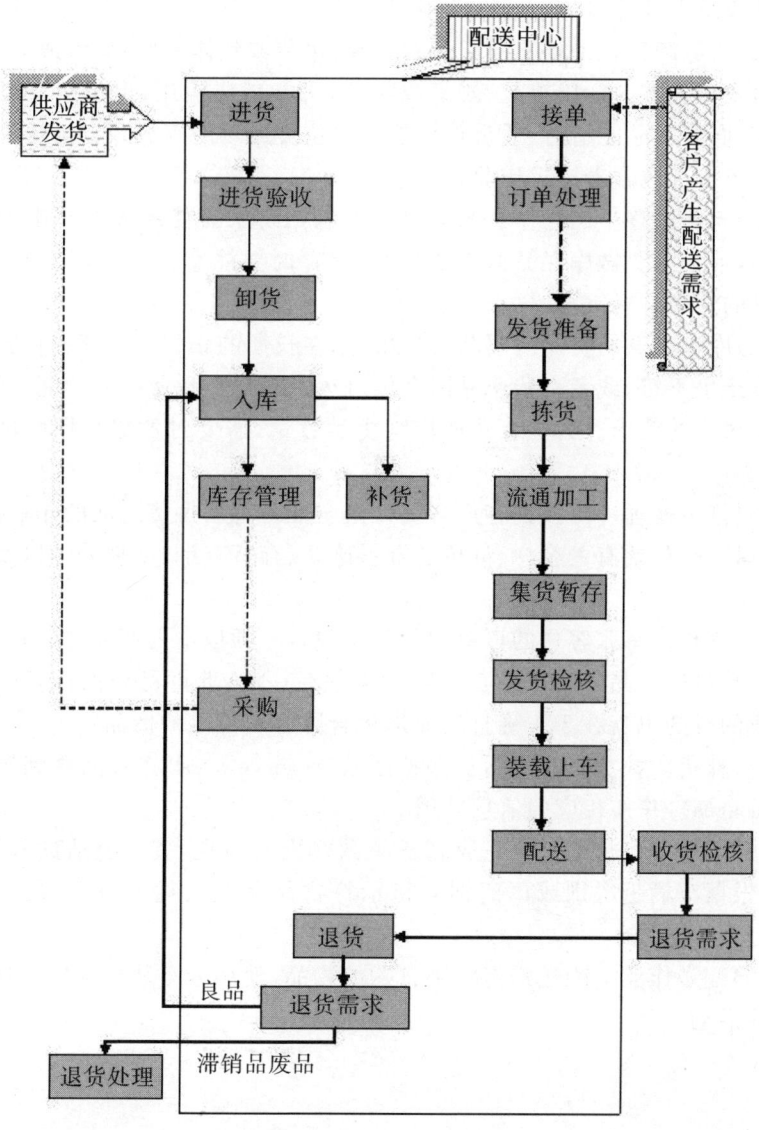

图1-4 配送中心作业流程图

整个作业过程包括进货及验收、搬运卸货、入库储存、库存盘点、订单处理、拣货、补货、出货、配货作业等环节。详细说明如下:

(1)进货及验收。进货作业包括把货品做实体上的接收,从货车上将货物卸下,并核对该货品的数量及状态(数量检查、品质检查、开箱等),然后记录必要信息或录入计算机。

(2)搬运卸货。是将不同形态的散装、包装或整体的原料、半成品或成品,在平面或垂直方向加以提起、放下或移动,可能是要运送,也可能是要重新摆置物料,而使货品能适时、适量移至适当的位置或场所存放。在配送中心的每个作业环节都包含着搬运作业。

(3)入库储存。储存作业的主要任务是把将来要使用或者要出货的物料做保存,且经常要做库存品的检核控制,储存时要注意充分利用空间,还要注意存货的管理。

(4)库存盘点。货品因不断的进出库,在长期的累积下库存资料容易与实际数量产生不符,或者有些产品因存放过久、不恰当,致使品质功能受影响,难以满足客户的需求。为了有效地控制货品数量,需要对各储存场所进行盘点作业。

(5)订单处理。由接到客户订货开始至准备着手拣货之间的作业阶段,称为订单处理,包括有关客户、订单的资料确认、存货查询、单据处理以及出货配发等。

(6)拣货。每张客户的订单中都至少包含一项以上的商品,如何将这些不同种类数量的商品由配送中心中取出集中在一起,此即所谓的拣货作业。拣货作业的目的也就在于正确且迅速地集合顾客所订购的商品。

(7)补货。补货作业包括从保管区域(reserve area)将货品移到拣货区域(home area),并作相应的信息处理。

(8)出货。将拣取分类完成之货品做好出货检查,装入合适的容器,做好标示,根据车辆趟次别或厂商别等指示将物品运至出货准备区,最后装车配送。

(9)配送作业。配送是指将被订购的物品,使用卡车从配送中心送至顾客手中的活动。

项目二　连锁企业采购计划编制

> **知识目标**
>
> 1. 了解影响商品采购种类的因素；
> 2. 熟悉采购预算编制方法与流程；
> 3. 熟悉采购计划编制流程；
> 4. 掌握采购成本控制常用方式；
> 5. 熟悉商品价格构成；
> 6. 了解采购数量确定的方法。

> **技能目标**
>
> 1. 能够进行常规商品的采购需求分析；
> 2. 能够开展采购预算的核算；
> 3. 能够编制简单的采购计划；
> 4. 能够利用 ABC 法控制采购成本。

任务一　采购需求分析

采购需求分析是采购计划编制的基础，对于采购工作而言非常重要。采购需求分析是否符合市场实际，是否客观全面，是否可行有效，直接决定门店销售情况。因此，合理的采购计划必须基于客观可行的需求分析。对于单一品种商品，采购需求分析比较简单，需要什么、需要多少、什么时候需要等问题比较明确。但对于大批量、多批次的商品采购，或新开门店商品采购，就需要细致的需求分析。采购需求分析的主要内容可以简述为如下几个问题:需要采购何种商品,需要采购多少数量,新品开发需求如何等。

学习任务

任务描述

A连锁超市计划在3个月后在高校区内开设一家门店。该门店为社区超市,紧邻学生宿舍区,营业区域面积约500平方米;该超市致力于提供"优质卓越的购物体验",注重提升商品和服务质量。采购部经理安排你负责该新门店"开店前商品采购"工作,并要求你首先完成采购需求分析。

任务要求

请分析某一超市商品结构。要求:

1.按示例格式编制"碳酸饮品中类"商品结构表。商品分类路径通常为"食品部—饮品大类——碳酸饮品中类"。

示例如下:

部门	大分类	中分类	小分类	额定品项数	价格带（元）	低档商品（60%）	中档商品（30%）	高档商品（10%）	品牌库
百货	文具	学生用品	钢笔及墨水	5	12～320	3	1	1	英雄、PARK、
			圆珠笔及芯	6	1.5～12	3	2	1	
			中性笔及芯	8	2.6～15.8	4	3	1	
			笔袋	4	3.2～8.9	2	1	1	

2.解释编制过程及思路。

任务分析

新开门店采购需求分析,主要涉及门店经营商品范围(具体通过商品结构表或商品目录体现)、采购量预计等内容。开展采购需求分析的主要方式是调查,包括外部的市场调查和内部信息收集。

相关知识

一、影响连锁企业采购商品范围的因素

商品采购范围是指连锁零售在充分调查的基础上,结合企业经营策略,把应该经营的商品品种,用一定的书面形式,并经过一定的程序固定下来的商品汇总。它是零售企业在商品经营范围内商品品种结构的进一步明确化和具体化,是企业采购计划、采购实施的重要依据。商品采购范围具体体现形式为商品结构表或商品目录,通常分为经营商品的目录和必备商品的目录。商品采购范围除了显示企业商品经营范围外,还能体现出零售企业的商品层次、主营品类和销售利润来源,因此,商品目录在规范的零售企业里均被列为核心机密之一。

连锁企业在确定采购商品范围时需要考虑以下几个方面:

1. 经营规模及特点

确定商品采购范围,必须首先考虑连锁企业的业态类型、经营规模及经营特点。不同业态的商店,其商品经营有着不同分工,专业性商店以经营本行业某一大类或几大类商品为界限,其专业分工越细,经营范围越狭窄;综合性商场除了经营某几类主要商品外,还兼营其他有关行业的商品。商店经营规模越大,经营范围越宽,反之,则越窄。此外,商店经营对象是以附近顾客为主,还是面向更广泛的市场空间;商店是属于百货商店,还是超级市场、便利店;商店是以高质量商品、高服务水平为经营特色,还是以价格低廉为经营特色,这些都将对商店采购商品范围有着重大影响。

2. 商店的目标市场

商店的地址和商圈范围确定以后,其顾客来源的基本特征也就随之确定下来。商店目标顾客的职业构成、收入状况、消费特点、购买习惯都将影响着商店采购商品的范围。处在人口密度大的城市中心的商店,由于目标顾客的流动性强,供应范围广,消费需求复杂,因而经营品种、花色样式应比较齐全;处在居民区附近的商店,消费对象比较稳定,主要经营人们日常生活必需品,种类比较单一;处在城市郊区,或工矿区,或农业区,或学校集中区的商店,由于这些地区消费者特殊职业形成了其特殊需要,在确定商品采购范围时,也要充分考虑这些地区消费者需求的共性及个性。

3. 竞争对手情况

邻近同行业竞争对手的状况也影响着商店采购商品的范围。在同一地段内，相同业态商店之间，经营特点不宜完全一致，应有所差异，其差别主要体现在商店主营商品的种类上。俗话说："追二兔不如追一兔"，特点多反而显示不出特点来，每家商店为突出自己的特色都会选择一个最适合自己形象的主营商品大类。因此，商店只有弄清楚周围竞争对手的经营对策、商品齐全程度及价格和服务等状况，才能更好地确定自己的商品采购范围。

4.产品的生命周期及新产品的开发

任何商品都有其生命周期，即从进入市场到退出市场所经历的 4 个阶段：导入阶段、成长阶段、成熟阶段、衰退阶段。在现在这个信息时代，科技日新月异，商品的生命周期不断缩短，新产品不断涌现，旧产品不断被淘汰。商店必须跟上这种不断变化的时代步伐，随时注意调整自己的经营范围。一方面，商店必须跟踪掌握商品在市场流通中所处的生命周期，商品一旦到达衰退期，应立即被淘汰；另一方面，随时掌握新商品动向，对于有可能成为畅销商品的新商品，在上市前就应列入商品采购计划范围之内。

5.商品消费及盈利特点

商店经营一方面是为了满足广大消费者的需要，另一方面也是为了取得更多的利润。因此，在人力、物力、财力及营业面积有限的情况下，商店无法使商品经营品种无所不包，所以应首先选择那些利润高、周转快的商品经营。此外根据商品消费连带性的要求，应把不同种类但在消费上有互补性，或在购买习惯上有连带性的商品一起纳入经营范围，这样既方便顾客挑选购买，也利于扩大销售。在确定采购范围时，还应考虑商品的自然特性，某些化学性质相抵触的商品或对人体有害而没有必要保管设施的商品不宜经营，以免发生损失和不良影响。

商店商品采购范围的确定，除考虑以上几个方面外，还应随着商店的经营规模、经营目标、商品生产技术发展、人口数量及消费者收入水平等实际情况的变化而随时加以调整，不能一成不变，墨守成规。

二、连锁企业商品政策和商品结构

(一)连锁企业商品政策

商品政策是连锁企业根据业态差异、自身定位等因素所确定的商品经营方向，可以作为连锁企业商品采购范围的指导思想。连锁企业商品政策主要有：

1.单一的商品政策

这是指连锁企业经营为数不多、变化不大的商品品种来满足大众的普遍需要,如专卖店、快餐店、加油站、自动售货机等均采取这一商品政策。采取这一商品政策的商店一般在竞争中不易取得优势,因而它的使用主要局限于:

①消费者大量需求的商品,如加油站、粮店、烟酒专卖等;

②享有较高声誉的商品,如麦当劳的汉堡包、可口可乐等;

③有较高知名度的专卖商店;

④有专利保护的垄断性商品。

采取这一商品政策要注意商品的个性化,其品质应优于其他商店,才能对消费者形成吸引力。

2.市场细分化商品政策

市场细分化就是把消费市场按各种分类标准进行细分,以确定商店的目标市场。如按消费者的性别、年龄、收入、职业等标准进行划分,各类顾客群的购买习惯、特点以及对各类商品的购买量是不同的,商店可以根据不同细分市场的特点来确定适合某一类消费者的商品政策。例如,若商店选择的目标市场是儿童市场,则商品经营范围将以儿童服装、儿童玩具、儿童食品、儿童用品为主,借此形成自己独特的个性化商品系列,并随时注意开发和培养有关商品,以满足细分市场的顾客需要。

3.丰满的商品政策

这是在满足目标市场的基础上,兼营其他相关联的商品,既保证主营商品的品种和规格档次齐全,数量充足,又保证相关商品有一定的吸引力,以便目标顾客购买主营商品时能兼买其他相关物品,或吸引非目标顾客前来购物。要使商店经营的商品让人感到满意,必须重视下列几类商品:

①名牌商品。这类商品一般是企业长期经营,在消费者中取得良好信誉的商品。这类商品品种全,数量足,能提高商店的声望,并给人以丰盛感,对促进销售起到重要作用。

②诱饵商品。这类商品品种齐全、数量足可以吸引更多消费者到商店来购物,同时也可以连带销售其他商品。

③试销商品。包括新商品和本行业刚刚经营的老商品,这类商品能销售多少很难预测,但是,将这类商品保持一定的品种和数量,也会增强商店经营商品的丰盛感,促进商品销售额的扩大。

4.齐全的商品政策

这是指商店经营的商品种类齐全,无所不包,基本上满足消费者进入商店后可以购齐一切的愿望,即所谓的"一站式购物"。一般的超大型百货商店、购物中心以及大型综合连锁企业均采用这一商品政策。一般地,采用这一政策的商店,其采购范围包括食品、日用品、纺织品、服装、鞋帽、皮革制品、电器、钟表、家具等若干项目,并且不同类型商品分成许多商品柜或商品区。有的商店每一柜台的商品部经理可以自由进货、调整商品结构,及时补充季节性商品,但连锁性质的大型连锁企业则采取集中采购和配送的方法。当然,任何一个规模庞大的商店要做到经营商品非常齐全是不可能的,这只能是相对而言的齐全。

(二)连锁企业商品结构配置策略

在确定了连锁企业商品经营政策后,接下来要确定哪些商品是主力商品,哪些商品是辅助商品和关联商品,它们之间应保持怎样的比例关系,花色品种、质量等级如何分配等。这就涉及商品结构问题。

商品结构,实际上就是由不同商品种类而形成的商品广度与不同花色品种而形成的商品深度的综合。所谓商品的广度是指经营的商品系列的数量,即具有相似的物理性质、相同用途的商品种类的数量,如化妆品类、食品类、服装类、衣料类等等。所谓商品的深度是指商品品种的数量,即同一类商品中,不同的质量、不同尺寸、不同花色品种的数量。保持合理的商品结构,对商店的发展有着重要的作用。由于商品广度和深度的不同组合,形成了目前商店商品结构的不同配置策略,这些策略各有利弊。

1. 广而深的商品结构

这种策略是商店选择经营的商品种类多,而且每类商品经营的品种也多的策略,一般为较大型的综合性商场所采用。由于大型的综合商场的目标市场是多元化的,常需要向消费者提供一揽子购物,因而必须备齐广泛的商品类别和品种。

该策略的优点是:目标市场广阔,商品种类繁多,商圈范围大,选择性强,能吸引较远的顾客专程前来购买,顾客流量大,基本上满足顾客一次进店购齐一切的愿望,能培养顾客对商店的忠诚感,易于稳定老顾客。

该策略的缺点是:商品占用资金较多,而且很多商品周转率较低,导致资金利用率较低;此外,这种商品结构广泛而分散,试图无所不包,但也因主力商品过多而无法突出特色,容易形成企业形象一般化;同时,企业必须耗费大量的人力用于商品采购上,由于商品比较容易老化,企业也不得不花大量精力用于商品开发研究上。

2. 广而浅的商品结构

这种策略是指商店选择经营的商品种类多,但在每一种类中经营的商品品种少的策略。在这种策略中,商店提供广泛的商品种类供消费者购买,但对每类商品的品牌、规格、式样等给予限制。这种策略通常被廉价商店、杂货店、折扣店等零售企业所采用。

该策略的优点是:目标市场比较广泛,经营面较广,能形成较大商圈,便于顾客购齐基本所需商品;便于商品管理,可控制资金占用。缺点是:由于这种结构模式花色品种相对较少,满足需要能力差,顾客的挑选性有限,很容易导致失望情绪,不易稳定长期客源,形成较差企业形象。长此以往,商店不注重创出商品特色,在这样一个多样化、个性化趋势不断加强的今天,即使商店加强促销活动,也很难保证企业经营的持续发展。

3.窄而深的商品结构

这种策略是指商店选择较少的商品经营种类,而在每一类中经营的商品品种很丰富。这种策略体现了商店专业化经营的宗旨,主要为专业商店、专卖店所采用。一些专业商店通过提供精心选择的一两种商品种类,配有大量的商品品种,吸引偏好选择的消费群。目前国内一些大型百货商店和超级市场也开始注重引入这种策略。如广州新大新、广州百货大厦,几年来不断减少商品种类,五金、布料等商品最早消失,随之家具、杂货也逐渐缩小,而主要以服饰、皮革、电器、化妆品、食品为主力商品。

该策略的优点是:专业商品种类充分,品种齐全,能满足顾客较强的选购愿望,不会因品种不齐全而丢失销售;能稳定顾客,增加重复购买的可能性;能形成商店经营特色,突出商店形象;而且便于商店专业化管理。这种模式较为今天广大的消费者欢迎。缺点是:种类有限,不利于满足消费者的多种需要;市场有限;风险大。

4.窄而浅的商品结构

这种策略是指商店选择较少的商品种类和在每一类中选择较少的商品品种。这种策略主要被一些小型商店,尤其是便利店所采用,也被售货机出售商品和人员登门销售的零售商所采用。自动售货机往往只出售有限的饮料、香烟等商品;而人员上门销售其所销售的商品种类和品种也极其有限。这种策略要成功使用,有两个关键因素,即地点和时间。在消费者想得到商品的地点和时间内,采取这种策略可以成功。

这种策略的优点是:投资少、见效快;商品占用资金不大,经营的商品大多为周转迅速的日常用品,便于顾客就近购买。缺点是:种类有限,花色品种少,挑选性不强,易使顾客产生失望情绪,商圈较小,吸引力不大,难以形成商店经营特色。

三、连锁企业商品需求量预测

需求量预测是采购需求分析的重要部分。合理科学的预测结果可以提高连锁企业采购计划的可行性。在实际工作中,往往采用经验估计或约定俗成的方式进行预测,而很少采用数学预测方法。其实,科学选择合适的数学预测方法可以有效帮助采购人员提高预测准确度。

(一)连锁企业商品销量变动形式

在进行需求量预测时,首先要充分了解商品销售变动的情况,然后针对不同情况选择适用的预测方法进行预测。一般来说,连锁企业商品销量的变动形式主要有以下几种:

1.季节性变动

季节性变动主要是针对一些季节性商品来说的,这些商品随着季节的变化更替,商品销售量呈现出有规则的波动变化形态。季节性变动主要有三种原因。

(1)生产性季节,如农副产品的生产和上市会有淡旺季之分。

(2)消费季节性,许多商品在夏季与冬季销售上会呈现出明显不同,如羽绒服、凉鞋等。

(3)节日性商品和假日经济,节日性商品是指在某些节日某种特定商品的销售量会明显上升,如在中秋节的月饼、端午节的粽子等。假日经济是指在节假日会出现的消费热潮。

判断季节性变动是否存在主要根据两个基本特征:①销量上是否会出现波峰、波谷,一般说来,波动差越大,季节性表现就越显著;②是否有周期性,变化周期为一年,即一年重复一次。

2.水平变动

水平变动是指商品销售量在一定水平呈现出上下波动的变动形态。许多商品每年或每月的销售量基本上是稳定的,各个周期的波动不大,没有显示出持续上升或者持续下降的变动趋势。如一般情况下,每人每天对粮食、食盐等的需求比较均衡、稳定,其销售量主要根据人口变化而变化。

3.趋势变动

趋势变动是指一定时期内的商品销售量呈现出持续上升或持续下降的变动形态。这种变动形态也称为倾向性形态,它一般表现为一种长期趋势。

4.周期性变动

周期性变动是指在一定时期内(一般较长,5年以上),商品销售量呈现出有规则的上升或下降的交替循环形态。这种变动的周期要比季节性变动周期长,并且没有固定的期限,规律性的表现也不明显。

5.不规则变动

这是一种突发的或偶然的变动,由突然发生的情况(如地震、风灾、水灾、旱灾、战争等)所引起的变动,多为意外情况,商品销售量的变动趋势无规律可循,无法预测。比如,近年出现了农产品经销过程中出现的"蒜你狠""豆你玩""姜你军"等就属于不规则变化。

(二)销售预测方法

销售预测的数学方法很多,这些方法分别适用于不同的销售量变动形式。在季节性变动形式下预测销售,主要用月平均比重法、季节性变动趋势的连环比率法;在水平变动形式下预测销售,主要用简单算术平均数法、移动平均数法、指数平滑法、变动趋势预测法;在趋势变动形式下预测销售,主要用直线趋势预测法、曲线趋势预测法等。

1.适用于季节性变动的预测方法

适用于季节性变动的预测方法有季节指数预测法。运用季节指数进行预测,首先,要利用统计方法计算出预测目标的季节指数,以测定季节变动的规律性;然后,在已知季度的平均值的条件下,预测未来某个月(季)的预测值。测定季节指数的方法很多,我们主要学习一下直接平均季节指数法。

直接平均季节指数法预测步骤如下:

(1)收集历年(通常至少三年)各月或各季的统计资料;

(2)求出历年间各月份或季度的平均值(用 A 表示);

(3)求出历年间所有月份或季度的平均值(用 B 表示);

(4)计算各月或各季度的季节指数,即 $S=A/B$;

(5)根据未来年度的全年趋势预测值,求出各月或各季度的平均趋势预测值,然后乘以相应季节指数,即得出未来年度内各月或各季度包含季节变动的预测值。

例如:某超市 2012—2014 年衬衣销售资料如下表(表 2-1),据估计 2015 年的衬衣销量在 2014 年基础上会增长 8%,试用上述资料预测 2015 年的各季度衬衣销量。

表 2-1　直接平均季节指数及预测

单位：千元

1	2	3	4	5	6	7
季度	2012	2013	2014	各季平均 $A=[(2)+(3)+(4)]/3$	$S=A/B$ （%）	2015年各季预测值 $Y_i=Y_t \times S$
一	182	231	330	247.7	28.9	298.15
二	1 728	1 705	1 932	1 788.3	208.9	2 155.16
三	1 144	1 208	1 427	1 259.7	147.2	1 518.62
四	118	134	132	128	15.0	154.75
合计	3 172	3 278	3 821	3 423.7		$Y_t=1\ 031.67$
历年季度总平均				855.925		

$$Y_t=[3\ 821\times(1+8\%)]/4=1\ 031.67(千元)$$

用季节指数预测法进行预测，比较实用，但应满足如下条件：所建立的模型能够争取反映产生长期趋势的一切因素的影响；这些因素在预测期间将以同样的方式继续发挥着作用；在预测期间季节性变动和过去相同；预测期间其他变动影响不大。

2.适用于水平变动的预测方法

(1)简单算术平均法

即把若干历史时期的销售量统计数值作为观察值，求出算术平均数作为下期预测值。反映的是销售量的一般水平。这种方法基于下列假设："过去这样，今后也将这样"，把近期和远期数据等同化和平均化，因此只能适用于事物变化不大的趋势预测。如果事物呈现某种上升或下降的趋势，就不宜采用此法。

(2)简单移动平均法(一次移动平均法)

其是在算术平均法的基础上发展起来的。就是相继移动计算过去若干时期的算术平均数作为下期预测值。每期的预测值均为前若干期的销售实绩的平均数。周期的个数既不能太多也不能太少，太少则无法抵消随机波动的影响，太多又无法除去过早的没有作用的数据。这种方法适用于变动不大的中短期预测。

简单移动平均法的公式为：

$$M_t = \frac{1}{N}(Y_t + Y_{t-1} + \cdots + Y_{t-N+1})$$
$$= M_{t-1} + \frac{Y_t + Y_{t-N}}{N}$$

其中,M_t 代表第 t 期的移动平均数,也是第 $t+1$ 期的预测值;N 代表移动平均数的跨越周期;Y_t 代表实际数值。

例如,某连锁零售企业食用油销售情况如下(表 2-2),请用一次移动平均法预测该企业 2015 年的销售收入。

表 2-2 某连锁零售企业食用油销售预测

单位:千元

年份	销售收入	$N=3$ 移动平均次年预测值	$N=5$ 移动平均次年预测值
2009	776.60		
2010	874.50		
2011	821.10	824.00	
2012	904.30	866.63	
2013	930.20	885.20	861.34
2014	890.50	908.30	884.12
2015	904.60	908.40	890.14

由上表可知,2015 年该企业食用油销量,当 $N=3$ 时为 908.40 千元,当 $N=5$ 时为 890.14 千元。

(3)加权移动平均法

加权移动平均法是指给予观察期不同的权数,按不同的权数求得移动平均值。通常情况下,考虑到趋势变动情况和各期数据的重要性,应对近期数据给予较大权数,远期数据给予较小权数。还是以上表为例,取 $N=3$,其中最近三年权数依次为 0.5、0.3、0.2,则计算情况如表 2-3。

表 2-3 某连锁零售企业食用油销售预测

单位:千元

年份	销售收入	$N=3$ 移动平均,次年预测值
2009	776.60	
2010	874.50	

续表

年份	销售收入	$N=3$ 移动平均,次年预测值
2011	821.10	$0.5×821.10+0.3×874.50+0.2×776.60=828.22$
2012	904.30	$0.5×904.30+0.3×821.10+0.2×874.50=873.38$
2013	930.20	$0.5×930.20+0.3×904.30+0.2×821.10=900.61$
2014	890.50	$0.5×890.50+0.3×930.20+0.2×904.30=905.17$
2015	904.60	$0.5×904.60+0.3×890.50+0.2×930.20=905.49$

(4)指数平滑法

即根据历史资料的上期实际数和预测值,用指数加权的办法进行预测。此法实质是由加权移动平均法演变而来的一种方法,优点是只要有上期实际数和上期预测值,就可计算下期的预测值,这样可以节省很多数据和处理数据的时间,减少数据的存储量,方法简便。是国外广泛使用的一种短期预测方法。其公式为:

$$Y_{t+1}=Y_t+\alpha(F_t-Y_t)$$

其中,Y_{t+1} 代表第 $t+1$ 期的预测值,Y_t 代表第 t 期的预测值,F_t 代表第 t 期的实际值,α 代表平滑系数($0\leqslant\alpha\leqslant1$)。

如果是初次应用指数平滑预测法,对于初始值(即第一期的预测值),一般原数列的项数较多时(大于15项),可以选用第一期的观察值或选用第一期前一期的观察值作为初始值。如果原数列的项数较少时(小于15项),可以选取最初几期(一般为前三期)的平均数作为初始值。

对于 α 值的确定,可以遵循如下原则:

①当时间序列呈现较稳定的水平趋势时,应选较小的 α 值,一般可在 0.05~0.20 之间取值;

②当时间序列有波动,但长期趋势变化不大时,可选稍大的 α 值,常在 0.1~0.4 之间取值;

③当时间序列波动很大,长期趋势变化幅度较大,呈现明显且迅速的上升或下降趋势时,宜选择较大的 α 值,如可在 0.6~0.8 间选值,以使预测模型灵敏度高些,能迅速跟上数据的变化;

④当时间序列数据是上升(或下降)的发展趋势类型,α 应取较大的值,在 0.6~1 之间。

⑤对于不容易判断的情况,根据具体时间序列情况,参照经验判断法,来

大致确定额定的取值范围,然后取几个 α 值进行试算,比较不同 α 值下的预测标准误差,选取预测标准误差最小的 α。

指数平滑法除简单指数平滑法外,还有二次指数平滑法和三次指数平滑法。指数平滑方法的选用,一般可根据原数列散点图呈现的趋势来确定。如呈现直线趋势,选用二次指数平滑法;如呈现抛物线趋势,选用三次指数平滑法。或者,当时间序列的数据经二次指数平滑处理后,仍有曲率时,应用三次指数平滑法。

还是以某连锁零售企业食用油销售情况为例,用简单指数平滑法预测该企业 2015 年的销售收入。

鉴于销售收入变动比较平缓,α 值取 0.2,初始值为前三年的销售收入平均值,即 (776.60+874.50+821.10)/3=824.00 千元。则计算内容如表 2-4。

表 2-4 某连锁零售企业食用油销售预测

单位:千元

年份	销售收入	简单指数平滑法次年预测值
2009	776.60	
2010	874.50	
2011	821.10	823.42
2012	904.30	874.164
2013	930.20	894.2
2014	890.50	904.74
2015	904.60	907.64

(5)变动趋势预测法

是在移动平均法的基础上考虑了市场趋势因素。趋势因素的计算也是采用计算平均值的方法,以准确地反映销售额或销售量的变化。其具体计算步骤如下。

①将若干期(3~5 期均可)历史资料的平均值引为中间期(年、月)的数值。

②将平均值逐期比较,其差额即为变动趋势值。

③将若干期的变动趋势值进行平均,求出趋势平均值。

④按公式(预测值=最后一期销售平均值+期数×最后一期变动趋势平均值)进行计算,得出预测值。

3. 适用于趋势变动的预测方法

(1) 直线趋势预测法

直线趋势预测法是将预测对象所表现出的直线趋势用直线方程表达出来,并据此预测的一种趋势预测方法。

直线趋势预测法的预测模型为:

$$Y_t = a + bt$$

其中,Y_t 表示预测值,t 代表预测值对应的时间变量,a、b 是待定系数。

一般按时间顺序给 t 分配序号。通常情况下,分配序号时,使 $\sum t = 0$,如总共有奇数个时间周期时,如 $n=7$ 个时间周期,则 t 的序号取为 -3、-2、-1、0、1、2、3;如有偶数个时间周期时,如 $n=8$ 个时间周期,则 t 的序号取为 -7、-5、-3、-1、1、3、5、7。则此时:

$$a = \sum Y / n \quad b = \sum(t \times Y) / \sum t^2$$

例如,某连锁餐饮公司 2008 年至 2014 年销售额如表 2-5,预测 2015 年销售额:

表 2-5 某连锁餐饮公司销售额

单位:万元

年份	2008	2009	2010	2011	2012	2013	2014
销售额	49	60	70	81	90	99	108

时间周期为 $n=7$,按照规则分配序号,使 $\sum t = 0$,则:

$$\sum Y = 557 \quad \sum(t \times Y) = 275 \quad \sum t^2 = 28$$

$$a = \sum Y / n = 557/7 = 79.57 \quad b = \sum(t \times Y) / \sum t^2 = 275/28 = 9.82$$

$$Y_t = a + bt = 79.57 + 9.82t$$

2015 年对应 $n=4$,则:

$$Y_4 = 79.57 + 9.82 \times 4 = 118.85(万元)$$

(2) 曲线趋势预测法

很多连锁企业的经济活动受多种因素影响,用直线趋势预测法来预测是不够准确的,此时会用到一些复杂的曲线趋势预测法,如二次曲线趋势预测法、指数曲线趋势预测法、修正指数曲线预测法等。在此不做详细介绍,有兴趣的同学可以参阅相关书籍。

四、新产品开发需求分析

在连锁企业采购中所指的新商品是指凡是在连锁企业没有经营过的商品,包括生产商新开发的新产品,生产商在其他区域市场有销售但在本区域市场没有销售的产品,或是生产商在本区域有销售但在本企业没有销售的产品。

(一)新产品引进影响因素

在连锁企业中,新商品引进的决策工作由公司商品采购委员会做出,具体引进的程序化操作由相关商品部负责。在引进新商品时,通常要考虑:①此类商品企业门店没有;②此类商品是能满足顾客需求的商品类;③此类商品的市场基本成熟,风险较小;④此类商品有培养的空间;⑤此类商品对不同商圈的引导消费风险相对较低;⑥此类商品适应的人群定位等。

(二)新产品引进控制标准

新商品引进效果如何,关键在于建立一系列事前、事中和事后的控制标准。

(1)事前控制标准。如连锁企业采购业务人员应在对新引进商品市场销售前景进行分析预测基础上,确定该新引进商品能给公司带来的既定利益,这一既定利益可参照目前公司从经营同一类畅销商品所获得利益或新品所替代淘汰商品获得的利益,如规定新引进商品在进场试销的3个月内,销售额必须达到目前同类畅销商品销售额的80%或至少不低于替代淘汰商品销售额,方可列入采购计划的商品目录之中。

(2)事中控制标准。如在与供应商进行某种新商品采购业务谈判过程中,要求供应商提供该商品详细、准确、真实的各种资料,提供该商品进入连锁超市销售系统后的促销配合计划。同时,在试销期间,可以借鉴日本超市做法。日本超市第一次导入新品时,为了避免风险,一般先选择标准店铺进行试销,作堆头陈列,统计每天的顾客量、销售额、计算 PI 值【即 Purchase Index,译作千人购买率或聚客指数,其含义是每千名通过收银台顾客(客数)中购买该商品的人数。PI 值=(单位时间内有某商品的购物篮数量/单位时间内所有购物篮数量)×1 000】。试销一星期,如卖况较好可引进,其陈列面数的安排可与老产品进行类比做出,如卖况不好就不再引进。

(3)事后控制标准。如负责该新商品引进的采购业务人员,应根据新商品在引入卖场试销期间的实际销售业绩(销售额、毛利率、价格竞争力、配送服务水平、送货保证、促销配合等)对其进行评估,评估结果优良的新商品可正式进入销售系统,否则中断试销,不予引进。

此外，在新商品引进过程中，还需要注意引进商品的独特性。连锁企业门店商品基本上都是由生产厂家生产的，这导致只要是从厂家进货，各个连锁企业的商品基本上没有区别，大部分商品是相同的。如何使商品具有独特性呢？一是具有比竞争对手更低的价格；二是比竞争对手更早地引进新产品。当一个商品进入成长期、成熟期后，价格越来越透明，想取得更低的价格，往往代价较大，此时商品毛利不高，稍有不慎，还会亏损。这时，比竞争对手更早地引进新产品，变得非常重要；这样做不仅可以取得独特的商品，还会获得新产品上市的超额利润。

（三）新产品开发方式

如何更好地找到有潜力的新产品呢？通常情况下有如下几种方式。

1. 原有供应商的新商品

原有供应商，如果其原有的产品在连锁企业中已有销售数据，已体现出较好的市场运作能力，只要新商品功能具有独特性，就是非常具有成长潜力的商品，这是一个成本最低、非常有效的新品引进方法。

2. 广告热播商品和网络热销商品

由于消费者具有好奇和尝鲜的消费特点，他们容易受广告的影响，喜欢寻找和购买广告热播的新商品；同时，由于从众心理作用，消费者也会关注各类销售排行榜。如果消费者在店里买不到这类商品，就会认为该店商品陈旧，跟不上时代。因此，引进广告热播商品和网络热销商品也是一个成本较低、比较有效的方法。

3. 同行和经营同类别商品的其他业态企业

采购员可以通过知名同行或其他零售业态的DM（快讯商品广告）寻找在本地没有销售的商品，因该商品在知名的同行中已经销售，引进的成功率会非常高。

4. 顾客意见反馈

消费者对市场最为敏感，连锁企业应建立一套良好的顾客意见收集反馈系统，并从中筛选出有价值的意见对工作进行改进，特别是顾客提出的店里没有但希望买到的商品。

此外，在引进新品时，还要考虑到连锁企业商品结构是否科学。商品是卖场的灵魂，其意义主要通过商品结构系统的合理组合和陈列来体现。

拓展知识

某企业的新产品引进相关规定

下面是某企业新产品引进相关规定，供参考。

1. 商品引进的原则

(1) 必须符合类别发展趋势、吻合目标消费者需求；

(2) 必须符合类别商品结构的需要；

(3) 较被替代品能够提供更高的利润回报。

2. 商品引进的必要条件

(1) 符合国家及地方对商品质量和市场准入要求标准；

(2) 必须有商品条形码或符合国家有关标准的自制商品条码；

(3) 与需方现经营同类的商品在功能、口味、配方、使用价值、造型、包装等方面相比具有新颖性的商品；

(4) 较于本地区或其他地区同类商品，市场占有率较高或知名较高的商品；

(5) 包装适合超市防损要求，不易破包、不易被拆散或重组销售单位的商品；

(6) 包装适合超市连锁经营要求，便于分装运输，大包装内配置小包装的商品，并在提供新品时就注明；

(7) 优先准入拥有完善和有力度促销计划配合的商品；

(8) 被需方列入采购计划的商品；

(9) 引导消费潮流的商品。

任务二　采购预算编制

预算是一种用数量表示的计划，它将连锁企业未来采购决策的目标通过有关数据系统地反映出来，是采购决策资金化的表现。一般说来，制定采购预算主要是为了促进采购工作的开展与完善，减小企业的采购风险，合理安排有限资源，提高资源分配的效率，对成本进行控制等。通常情况下，采购预算是根据公司销售计划确定，并最终落实到采购计划中去。

学习任务

任务描述

在任务一中，你认真进行了各项调研分析，按时提交了采购需求，得到采购部经理的表扬。接下来，采购经理要根据公司新开门店销售计划，分析制定各品类商品采购预算。采购经理要求你协助他完成采购预算具体编制工作，以便为后续采购工作提供保障。采购经理提醒你，编制采购预算时，要根据公司销售计划进行推算，还要考虑盈利情况。

任务要求

请结合某一具体大类，如"饮品大类"，编制一份简要完整的采购预算。下面是相关信息：

1. 饮品大类年度销售目标及各中分类占比情况

类别	果汁饮料	碳酸饮料	功能饮料	水	茶饮料	奶饮品	啤酒
占比	7.03%	18.10%	3.75%	26.53%	18.69%	18.5%	7.40%
毛利率	15.00%	8.00%	18.00%	15.00%	15.00%	15.00%	8.00%
饮品大类总销售金额（千元）							5 408

注：①不考虑门店销售折扣；②不考虑供应商（厂家）支付的采购返利；③不考虑运费、安装费、损耗及其他直接费用。

2. 简化采购预算表

饮品采购预算表（年度）

大分类	中分类	预计毛利率	采购金额（千元）				
			一季度	二季度	三季度	四季度	年度合计
饮品类	果汁饮料						
	碳酸饮料						
	功能饮料						
	水						
	茶饮料						
	奶饮品						
	啤酒						

要求：
请填写完整《饮品采购预算表》。

任务分析

编制采购预算，首先要明确连锁企业年度销售目标和利润目标，然后计算出采购金额,并分解到各个部门、品类,同时还要按照不同的时间周期进行分解,最终形成明细的采购预算。在预算编制过程中,要熟悉商品价格构成、毛利计算、税费情况等。

相关知识

一、采购预算的编制方法

编制预算的方法很多,有概率预算、零基预算、弹性预算、滚动预算等。不同的预算具有不同特点和适应性,在编制过程中,应根据具体情况进行选择。如对于处于市场价格及市场份额情况不确定的初创期或成长期的连锁企业,应尽量采用弹性预算;对于预算水平较高的连锁企业可以选择较为先进复杂的滚动预算或零基预算。

1.概率预算

在编制预算过程中,涉及的变量较多,如业务量、价格、成本等。连锁企业管理编制预算时不可能十分精确地预见到这些因素在将来会发生何种变化,以及变化到何种程度,而只能大体上估计出它们发生变化的可能性(即概率),从而近似地判断出各种因素的变化趋势、范围和结果,然后,对各种变量进行调整,计算其可能值的大小。这种利用概率(即可能性的大小)来编制的预算,即为概率预算。概率预算必须根据不同的情况来编制,大体上可分为以下两种情况。

(1)销售量的变动与成本的变动没有直接联系

这时,只要利用各自的概率分别计算销售收入、变动成本、固定成本的期望值,即可直接计算利润的期望值。

(2)销售量的变动与成本的变动有直接联系

这时,需要用计算联合概率的方法来计算利润的期望值。

2.零基预算

零基预算是指在编制预算时,对于任何一个预算期,任何一种费用项目的开支数,不是从原有的基础出发,即不考虑基期的费用开支水平,而是一切以零为起点,考虑各个费用项目的必要性及其开支的规模,如实确定每项预算是否有支出的必要和支出数额大小的一种预算编制方法。

零基预算与传统的预算编制方法不同。传统的调整预算编制方法,是在上期预算执行结果的基础上,根据预算与实际的差异,分析产生差异的各种原因和考虑计划期的实际情况,加以适当调整,确定出计划期内有关项目的预算数。这种预算方法比较简单,但往往使原来不合理的费用开支继续存在下去,造成预算的浪费或是预算的不足。而零基预算的编制方法在确定任何一项预算时,完全不考虑前期的实际水平,只考虑该项目本身在计划期内的轻重缓急,以零为起点确定预算支出的具体数字。零基预算的编制步骤如下。

(1)组织员工拟订预算目标

即要求全体员工根据计划期间的战略目标和各部门的具体任务,详细讨论在计划期内需要发生哪些费用项目,对可能发生的费用项目逐一考证其支出的必要性和需要额,并为每一费用项目编写一套开支方案,提出费用开支的目的,以及需要开支的数额。

(2)对每一费用项目进行成本—效益分析

各部门编写出各项费用预算方案后,要组成一个预算委员会,对各部门提出的费用项目进行成本—效益分析。预算委员会的成员主要包括主要负责人、总会计师等。成本—效益分析,主要是指对所提出的每一个预算项目所需要的经费和所能获得的收益,进行计算、对比,以其计算对比的结果来衡量和评价各预算项目的经济效益,然后,权衡其轻重缓急,分成若干层次,排出开支的先后顺序。

(3)分配资金、实施预算

在对每一项费用进行成本—效益分析后,按照费用开支的层次和顺序,结合计划期间可动用的资金来源,分配资金,落实预算。分配资金应首先满足那些必须支出的费用项目,然后,再将剩余资金在可以增减费用额的费用项目之间按成本效益率进行分配,实施预算方案。

零基预算的优点是不受基期实际数的束缚,一切费用预算额以零为起点,从工作内容需要出发,发挥各级管理人员的主观能动性,重新考虑每项预算支出的必要性及规模,并对资源进行有序分配,使预算更符合实际,充分调动连锁企业各级管理人员的积极性和创造性,促进各级管理人员精打细算、量力而行,把有限的资金切实用到最需要的地方,以保证整个企业的良性循环,提高整体的经济效益。缺点是该预算编制方法一切支出均以零为起点来进行分析、研究,因而工作量太大。因此,在实际预算工作中,可以隔若干年进行一次零基预算,以后几年内则略作适当调整。这样,既可简化预算编制的工作量,又能适当控制费用的发生。

3.弹性预算

弹性预算是在编制费用预算时,预先估计到计划期间业务量可能发生的变动，编制出一套能适应多种业务量的费用预算，以便分别反映在各该业务量的情况下所应开支的费用水平。其编制基本原理是将变动费用部分按业务量的变动加以调整。

弹性预算是以多种业务量水平为基础而编制的一种预算，因此，它比只以一种业务量水平为基础编制的预算具有更大的适应性和实用性。即使在计划期内的实际业务量发生了一定的波动，也能找出与实际业务量相适应的预算数，使预算与实际工作业绩可以进行比较，从而有利于对有关费用的支出进行有效的控制。编制弹性预算应注意的内容如下。

(1) 确定在计划期内业务量的可能变化范围

在具体编制工作中，对一般超市，其变化范围可以确定在超市正常生产能力的70%～110%之间，其间隔数为5%或10%，也可取计划期内预计的最低业务量和最高业务量为其下限和上限。

(2) 要将计划期内的费用划分为变动费用和固定费用

在编制弹性预算时，固定费用在相关范围内不随业务量的变动而变动，因而不需要按业务量的变动来进行调整。而对变动费用，则要按不同的业务量水平分别进行计算，弹性预算一般用于编制弹性成本预算和弹性利润预算。弹性利润预算是对计划期内各种可能的销售收入所能实现的利润所作的预算，它以弹性成本预算为基础。

4. 滚动预算

滚动预算又称连续预算，其基本原理是预算期永远保持12个月，每期末都增列一个月的预算，预算期随着时间的推移而自行延伸，在任何一个时期都能使预算保持12个月的时间跨度。当年度预算中某一季度（或月份）预算执行完毕后，就根据新的情况调整和修改后几个季度（或月份）的预算，如此往复，不断滚动，使年度预算一直含有12个月份的预算。

滚动预算的理论根据是：连锁企业的生产经营活动是延续不断的，因此，预算也应该全面地反映这一延续不断的过程。另外，人们对未来客观事物的认识也是由表及里、由粗到细的过程，预算要适应人们对客观事物的认识。

滚动预算的优点如下：

① 能保持预算的完整性和连续性，可从动态预算中把握连锁企业的未来。

② 预算在执行过程中可以结合客观情况，对预算不断调整与修订，使预算与实际情况能更好地适应，有利于充分发挥预算的指导与控制作用；

③ 预算期始终保持4个季度或12个月，使得连锁企业经营管理人员能经常保持一种整体的、全盘的经营思想，保证各项工作有条不紊地进行。

二、采购预算的编制流程

采购预算是采购部门为配合年度的销售预测,对需求商品的数量按成本进行的估计。如果单独编制采购预算,不但缺乏实际的应用价值,也失去了其他部门的配合,因此,采购预算的编制必须以连锁企业整体预算制度为依据。对整个连锁企业而言,预算管理的最高组织协调者可以是企业的预算管理委员会或总经理;预算协调员可以是部门经理;预算编制人员可以是企业的一个部门、一个子公司,甚至是一个业务员。

预算过程应从采购目标的审查开始,接下来是预测满足这些目标所需的资源,最后制订计划或预算。采购预算的编制流程一般包括如下几个步骤。

1. 审查战略目标

预算的最终目的是保证企业目标的实现,在编制部门预算前首先要审查本部门和企业的目标,以确保它们之间的相互协调。

2. 制订明确的工作计划

管理者必须了解本部门的业务活动,明确它的特性和范围,制订出详细的工作计划表,从而确定部门实施这些活动所带来的产出。

3. 确定所需的资源

管理者可以根据详细的工作计划表对支出做出切合实际的估计,从而确定为了实现目标所需要的人力、物力和财力资源。

4. 提出准确的预算数字

管理者应最大限度地提出准确的预算数字。目前连锁企业普遍的做法是将目标与历史数据相结合来确定预算数据,即对过去历史数据和未来目标逐项分析,使收入和成本费用等各项预算切实、合理、可行。对过去的历史数据可采用比例趋势、线性规划、回归分析等方法进行分析,找出适用于连锁企业的数学模型来预测未来。有经验的预算人员也可以通过以往的经验做出准确判断。

5. 汇总

将各部门、各分单元的预算汇总。最初的预算总是来自每个分单元,而后层层提交、汇总,最后形成总预算。

6. 提交预算

由于预算总是或多或少地与实际有所差异,因此有必要选定一个偏差范围。范围的确定可以根据行业平均水平,也可以根据超市的经验数据,它的主观性很强,同管理者的偏好有很大关系。如悲观的管理者同乐观的管理者所能容许的差异,范围就相差很大。设定了偏差范围以后,管理者应当比较实际支出和预算的差距,以便控制业务的进展。如果支出与估计值的差异达到或超过了容许的范围,就有必要对具体的预算做出建议或必要的修订。采购部门常常有责任密切监控其他部门的预算,以确保它们不超过整个组织购买产品和服务的预算限制。

三、采购价格类型与结构

(一)采购价格类型

依据不同的交易条件,采购价格会有不同的种类。采购价格一般由成本、需求以及交易条件决定,一般有送达价、出厂价、现金价、期票价、净价、毛价、现货价、合约价、实价等。

(1)送达价。送达价系指供应商的报价当中包含负责将商品送达连锁企业的仓库或指定地点时,期间所发生的各项费用。以国际而言,即到岸价加上运费(包括在出口厂商所在地至港口的运费)和货物抵达买方之前一切运输保险费,其他有进口关税、银行费用、利息以及报关费等。这种送达价通常由国内的代理商,以人民币报价方式(形同国内采购),向外国原厂进口货品后,售予买方,一切进口手续皆由代理商办理。

(2)出厂价。出厂价指供应商的报价不包括运送责任,即由连锁企业雇用运输工具,前往供应商的仓库提货。这种情形通常出现在连锁企业拥有运输工具或供应商加计的运费偏高时,或当卖方市场时,供应商不再提供免费的运送服务。

(3)现金价。现金价指以现金或相等的方式支付货款。但是"一手交钱,一手交货"的方式并不多见。按零售行业的习惯,月初送货,月中付款,或月底送货,下月中付款,即视同现金交易,并不加计延迟付款的利息,现金价可使供应商免除交易风险,连锁企业亦享受现金折扣。例如,在美国零售业的交易条件若为 2/10,n/30,即表示 10 天内付款可享受 2% 的折扣,否则 30 天内必须付全款。

(4)期票价。期票价指连锁企业以期票或延期付款的方式来采购商品。通常连锁企业会加计迟延付款期间的利息于售价中。如果卖方希望取得现金周转,会让加计的利率超过银行现行利率,以使供应商舍期票价取现金价,另外,从现金价加计利息变成期票价,有用贴现的方式计算价格。

(5)净价。净价指供应商实际收到的货款,不再支付任何交易过程中的费用,这点在供应商的报价单条款中通常会写明。

(6)毛价。毛价指供应商的报价可以因为某些因素加以折让。例如,供应商会因为连锁企业采购金额较大,而给予连锁企业某一百分率的折扣。如采购空调设备时,商家的报价已包含货物税,只要买方能提供工业用途的证明,即可减免增值税50%。

(7)现货价。现货价指每次交易时,由供需双方重新议定价格,若有签订买卖合约,亦在完成交易后即告终止。在连锁企业众多的采购项目中,采用现货交易的方式最频繁;买卖双方按交易当时的行情进行,不必承担预立约后价格可能发生的巨幅波动的风险或困扰。

(8)合约价。合约价指买卖双方按照事先议定的价格进行交易,合约价格涵盖的期间依契约而定,短的几个月,长的一两年。由于价格议定在先,经常造成与时价或现货价的差异,使买卖时发生利害冲突。因此,合约价必须有客观的计价方式或定期修订,才能维持公平、长久的买卖关系。

(9)实价。实价指连锁企业实际上所支付的价格。特别是供应商为了达到促销的目的,经常提供各种优惠的条件给买方,例如数量折扣、免息延期付款、免费运送等,这些优待都会使连锁企业的采购价格降低。

(二)采购价格结构

现代商品价格往往包含两部分:一部分是固定不变的,另一部分则会随数量、日期、送货等因素变动,通常由折扣、补助等构成。下面重点对可变动的价格部分进行分析:

1.折扣

是指厂商对符合一定条件的购买者给予的价格上的折让。它一般包括数量折扣、交易折扣、季节折扣和现金折扣以及不退货折扣。

(1)数量折扣。所谓数量折扣,是指买方大量采购时,卖方给予买方的价格折让。通常由于买方的大量购买,卖方会因此获得规模效益,而把一部分好处转让给买方。数量折扣包括一次性折扣和累计折扣,前者是根据每一次采购规模来确定折扣率,后者是根据一定时期内多次采购的总规模来确定折扣率。连锁企业在确定采购规模时,既要考虑数量折扣因素,又要考虑店铺销量、储存成本、运输费用等多重因素。

(2)交易折扣。所谓交易折扣,是指卖方根据买方的业务功能和组织特征,给予有利于自己的购买组织一定的价格优惠。因为连锁企业多为连锁组织形态,所以会享受到供应商的交易折扣。例如,一方面是50家独立的店铺,分散地向供应商进货,另一方面是50家连锁分店,由总部统一进货,对于供应商来说,后者的业务成本会大大低于前者。

(3)季节折扣。所谓季节折扣,是指为刺激非旺季商品销售而给予买方的价格折扣。这种折扣与采购数量、采购者无关,只是鼓励买方在旺季之前订货,使厂商淡季不淡。实际上,是供应商通过季节折扣,将商品储存功能转移给买方。要享受季节折扣,就必须提前购买商品,而这会使仓储成本增加,因此在决策时要慎重。

(4)现金折扣。所谓现金折扣,又称付款折扣,是指对提前付款所给予的价格优惠。它一般又可分为现金支付折扣和延期付款两类,前者是指对款到发货所给予的价格优惠,后者是指货先发,然后再支付货款,间隔期不超过约定时期所给予的价格上的优惠,间隔期越长,优惠越少。

(5)不退货折扣。实际是买断商品的价格,是指供应商对实行买断商品、不再退货的商场给予的价格优惠。值得强调的是,世界上许多著名的跨国零售巨子,其经营的主力商品,均采用现金买断制,以同时获得现金折扣和不退货折扣,进而在价格竞争中占据有利地位。我国大型连锁企业所经营的绝大多数的商品都采用代销方式,甚至采用出租柜台的方式,实际上已变成了物业管理者,与厂商共担风险的机制还远未建立起来,我国零售业的这种传统而又落后的经营方式迫切需要改变。作为以低价取胜的连锁企业更应率先实现向现金买断制的跨越。当然,为了解决自身流动资金的问题,也可以采用买断延期付款制。

2.补助

是指供应商为了减少零售商因特定事件发生而产生的利润损失而给予零售商经济上的特别资助。它主要包括两类:

(1)促销补助,是指供应商为了协助连锁企业门店搞好促销活动,扩大本企业产品的知名度和销售量,而给予企业的一种资助。这种资助主要是通过价格减让和促销费用分摊两种方式来实现。如根据连锁企业的促销计划,对某产品降价10%进行促销,供应商为了鼓励促销活动,将其供应价相应的下调5%,以加大商场的促销力度,这5%就是一种促销补助。

(2)退货补助,是指供应商对连锁企业销路不畅的商品进行退货而给予的在运输费用等方面的分摊和补贴。这是生产厂商为鼓励零售企业大规模进货而采取的一项措施。

3.运费

商品运费往往构成了商品价格中很重要的一部分。不同的装运方式,其在货运方、交货地点、费用支付、权利和义务的分解上有很大的不同,由此形成了不同的运输方式。现实生活中运用得较多的运输方式有以下几种:

(1)工厂交货(FOB factory),即卖方负责将货物交给运输商,由买方承担运输费用的运输方式。这种运输方式,由买方承担所有运费,商品所有权在装运地点由卖方转移给买方。

(2)装货地点交货(FOB shipping point),即卖方支付到装货地点为止的装运费,买方支付以后的装运费,货物所有权在装货地点由卖方转移给买方。

(3)目的地城市交货(FOB city of destination),即由卖方支付货物到达目的地城市车站、码头的运费,货物所有权在目的地城市发生转移,而买方承担以后发生的装运费,商品所有权在目的地城市发生转移。

(4)商场交货(FOB store),即卖方支付所有的装运费,商品在到达商场时所有权发生转移。

在商品采购价格决策中,首先要搞好市场访价工作,及时了解当地主要竞争对手的销售价格,如果竞争者没有经营这种商品,则可以了解其同类商品的价格,再根据本企业价格策略,倒推预期进货成本(进价+运费)。其次,连锁企业在与供应商进行价格谈判时,要善于运用各种价格方式,除了要尽量争取最低的价格外,还要从企业实际出发,寻找最佳的构成结构。

拓展知识

超市价格带管理

价格带本来是品类管理的一个产物,价格带针对的就是小分类。它对单品调整提供参考依据。价格带分析是为了找到正确合理的价格体系和相对畅销的商品。

商品价格带分析是从事商业行业人员的基本技能,具有极其重要的意义,可以讲不懂价格带概念,不能掌握价格带分析方法,更不会运用价格带分析手段从事日常工作的人,是没有资格在零售行业工作的! 这并不是危言耸听。从基层组员、班组长到店长、商品部长、销售经理,可以讲只要是销售商品和服务,只要有竞争存在,就必有价格带分析。

价格带分析离不开编制商品价格图。首先是针对某一小分类(比如酱油),先理出其价位(格)线(price line:销售价格),并归纳其价格带(price zone:该小类商品销售价格的上限与下限之范围),然后判断其价格区(price range:价格带中陈列量比较多的且价格线比较集中的区域),最后推敲最恰当卖点价位(price point:此PP点很重要,是对该店铺或业态而言,在某类商品上顾客最容易接受的价位。把握此点,并备齐在此PP点价位左右的商品,才会给顾客造成便宜且丰富的感觉和印象)。

卖场的管理目标是提升销售,促进顾客购物,价格带的管理应该也是和顾客的销售分析有密切关联的。

1.首先分析本店的客流量(来店发生购物的顾客数)、客单价(每笔购物单的平均金额)和件单价(每件商品的平均销售价格),对这些数据进行汇总,得知卖场总的平均件单价情况,作为主价格带管理(平均件单价意味着该地区的消费能力)。

2.在上面数据的基础上按部门汇总,得知本部门的如上数据,对于本部门的商品的价格带进行分析,并对离价格带较近之商品进行单品分析观察,寻找真正的顾客购买力较强的 A 品,进行卖场的促销、陈列相关的调整。

3.同样的方式按购物年龄层进行分析汇总,得知本店的主要购物客层,根据客层的定位、客层价格带的定位,来调整卖场的主力商品结构,多提供主客层适合的商品和品项。

最后,从价格带管理角度分析一下"商品丰富"的含义。此时的商品丰富指的是顾客要买的某价格带区的具有同样使用用途的商品丰富,而并非在该处所陈列商品单纯叠加得越多越好。比如,假设 40 岁左右的白领在购买每天上下班自己戴的领带时,如果选择去大卖场购买的话,自己心目中的价格带大概在 10~100 元(PZ),其中最希望买的是价位在 50 元(PP)左右的领带。如果该店铺 50 元左右一条的领带品种和种类很多(备齐度好)的话,顾客会认为该店的领带商品很丰富;至于 1 000 元(高档百货店)一条的领带和 5 元(地摊上)一条的领带,陈列再多对顾客也没有意义。

四、商品毛利率

对于连锁企业,特别是连锁综合零售企业而言,经营商品种类众多,且每个产品经营特点、经营属性不同,因此毛利率指标首先是确定一个综合毛利率的指标。通过综合毛利率指标,可以基本掌握连锁企业商品销售效益。然后,对综合毛利率指标进行分解,制定不同部门、不同类别商品的毛利率指标,并作为商品采购预算、采购管理的依据。

通常情况下,毛利是商品实现的不含税收入剔除其不含税成本的差额,因为增值税是价税分开的,所以特别强调的是不含增值税的商品金额。增值税是以商品(含应税劳务)在流转过程中产生的增值额作为计税依据而征收的一种流转税。从计税原理上说,增值税是对商品生产、流通、劳务服务中多个环节的新增价值或商品的附加值征收的一种流转税。实行价外税,也就是由消费者负担,有增值才征税,没增值不征税。在实际操作中,由于商品新增价值或附加值在生产和流通过程中是很难准确计算的,因此普遍采用税款抵扣的办法。即根据销售商品或劳务的销售额,按规定的税率计算出销售税额,然后扣除取得该商品或劳务时所支付的增值税款,也就是进项税额,其差额就是增值部分应交的税额,这种计算方法体现了按增值因素计税的原则。有时由于特殊原因,供应商无法出具增值税发票,此时在计算毛利率时就要特别注意。

简单地讲,商品毛利率主要由商品销售价格、商品采购成本决定。而商品销售价格可以大致分为商品售价和销售折扣。所谓商品售价是指价签所标示价格,是商品正常销售时的价格;销售折扣则指为刺激商品销售,给予顾客的现金或消费卡优惠。商品售价计算公式如下:

实际售价＝售价－单位折扣

实际销售净价＝实际售价÷(1＋增值税率)

商品采购成本包括采购价格、采购返利及运费、安装费、损耗等内容。采购返利是指供应商给予的一些特别优惠,如前面所提到的折扣、补助,还包括供应商向连锁企业支付的协作费等,折算到每单位商品上就是单品净返利。商品采购成本计算公式如下:

单品采购净价＝单品采购价格(含税)÷(1＋增值税率)

单品采购成本(含返利)＝单品采购净价＋单品运费×(1＋损耗率)＋单品安装费＋单品其他净费用

单品采购成本＝单品采购成本(含返利)－单品净返利

计算出商品售价和商品采购价后,商品毛利率计算公式如下:

销售毛利率＝(实际销售净价－单品采购成本)÷实际销售净价×100%

商业毛利率＝(实际销售净价－单品采购成本＋单品净返利)÷实际销售净价×100%

在连锁企业经营过程中,为便于工作,会根据市场情况,把企业、部门、商品品类的各项毛利率指标编制在一张表格中,成为商品毛利率表。该表格是连锁企业经营管理的重要参考工具之一。

任务三　采购计划制订

采购计划是采购管理运作的开始。采购计划制订得是否合理、完善,会影响到整个采购运作的成败。采购计划可以在总部、门店、部门、商品组等各个层次上开展。采购计划编制时可以采取自上而下方式、自下而上方式和综合方式等。制订采购计划要遵循一定的流程,其核心是确定商品类别、数量、时间和方式等,目的在于在确保连锁企业正常经营的同时,控制采购成本,提升营运效益。

学习任务

任务描述

顺利完成前述任务后,采购经理对你的工作非常认可,并要求你结合新开门店需求,在采购预算范围内编制采购计划。采购经理提醒,编制采购计划时,要对商品进行分类;针对不同类别商品要选择不同订货方式,以确保综合采购成本最优化。

任务要求

请结合某一具体大类,如"饮品大类",编制一份简要采购计划。要求:

1.正确区分采购商品的类别,请根据补充信息把饮品各小分类区分为A类商品、B类商品和C类商品;

2.合理选择采购方式以控制采购成本。

计划表格式如下:

饮品采购计划表(年度)

序号	大分类	中分类	小分类	类别	计划采购量(千元)					采购方式	品牌库	供应商库
					一季度	二季度	三季度	四季度	合计			
1	饮品类	果汁饮料	瓶装果汁									
2			听装果汁									
3		碳酸饮料	瓶装碳酸									
4			听装碳酸									
5		功能饮料	保健饮料									
6			运动饮料									
7		水	矿泉水									
8			纯净水									
9			蒸馏水									

续表

序号	大分类	中分类	小分类	类别	计划采购量(千元)					采购方式	品牌库	供应商库
					一季度	二季度	三季度	四季度	合计			
10		茶饮料	乌龙茶									
11			红茶									
12			绿茶									
13			花茶									
14			清凉茶									
15		奶饮品	纯奶									
16			甜奶									
17			酸奶									
18		啤酒	听装啤酒									
19			瓶装啤酒									

补充信息：

①饮品类各小分类上年度销售情况统计如下：

序号	大分类	中分类	小分类	上年度年销售金额（千元）
1	饮品类	果汁饮料	瓶装果汁	260
2			听装果汁	120
3		碳酸饮料	瓶装碳酸	559
4			听装碳酸	420
5		功能饮料	保健饮料	103
6			运动饮料	90
7		水	矿泉水	740
8			纯净水	635
9			蒸馏水	60

续表

序号	大分类	中分类	小分类	上年度年销售金额（千元）
10		茶饮料	乌龙茶	340
11			红茶	230
12			绿茶	206
13			花茶	130
14			清凉茶	105
15		奶饮品	纯奶	580
16			甜奶	100
17			酸奶	330
18		啤酒	听装啤酒	260
19			瓶装啤酒	140

任务分析

编制新开门店采购计划，首先要利用 ABC 分类法等方法对商品进行区分，然后针对不同类别的商品选择不同的采购方式，并确定商品的采购时间、采购数量、采购金额、采购来源、库存情况等。

相关知识

一、连锁企业采购计划编制

（一）采购计划主要内容

连锁企业商品采购计划，是指采购人员在分析市场供求、商品销售等信息基础上，对连锁企业内大、中、小类商品类别，或主力商品、辅助商品、关联商品的采购所做的预见性安排和部署。它是连锁企业在进行一系列采购决策之后编制的，是采购决策的落实和具体化。

（二）采购计划制订流程

商品采购计划的制订一般有以下几个步骤：①收集商品信息；②汇总和整理商品信息；③确定商品采购类别、数量和金额；④库存估算；⑤采购计划编写。

1. 收集商品信息

商品信息包括商品供求状况、所处行业的经营状况、竞争对手有关数据分析、连锁企业历年商品销售量、供应商情况等。资料调查收集的方法有文案调查法、访谈调查法和观察调查法。

2. 汇总和整理商品信息

汇总商品信息主要有手工汇总和计算机汇总两种方式,手工汇总是根据需要,将各种项目在分类基础上进行人工处理。计算机汇总是工作人员利用相关信息管理系统或其他软件对信息进行处理。由于人工处理工作量大,误差率高,且连锁企业信息化程度高,所以目前信息汇总以计算机汇总为主。

整理商品信息时,通常是参照企业的商品结构表(商品目录)进行,把商品信息按照大分类、中分类、小分类及单品的体系进行归类整理,为后续商品规划做好准备。

3. 确定商品采购类别、数量和金额

商品信息汇总整理完毕后,应对商品进行分类,并确定商品数量、供货商和进货时间。

不同连锁企业对商品分类不同,常用的分类方式是对商品依照ABC分析方法进行分类。ABC控制方法的基本思想是按"关键的是少数,次要的是多数"进行分类管理和控制,即依据商品重要程度的不同分别进行不同的管理。ABC控制法的具体做法是按照既定指标把商品分为A类、B类、C类。例如,如果以销售额指标进行分类,A类商品是销售额最高(占总销售额的60%～80%左右),品项数最少(占总品项数的5%～15%左右);B类商品是销售额较少(占总销售额的20%～30%左右),品项数较多(占总品项数的20%～30%左右);C类商品是销售额最少(占总销售额的5%～15%左右),而品项数最多(占总品项数的60%～80%左右)。

在实际营运过程中,许多企业采用定性分类方法,把商品划分为形象商品、销量商品、效益商品三类。形象商品是企业商品群中最具品牌代表性,并为消费者所熟知的生活必需品;销量商品是指价格较市场有优势,能达到一定销量要求,保证获取正常毛利的商品;效益商品则是指市场上竞争激烈商品、个性化商品、新品、厂商重点推广商品,季节性强的商品等,通常情况下该类商品销售效益较高。或者把商品划分为主力商品、辅助商品和关联商品。主力商品是指无论是销售量还是销售金额均占重要比重的商品,它体现了连锁企业的经营方针、经营特点,体现了企业在市场中的定位。辅助商品,是指在价格、品牌等方面对主力商品起辅助作用的商品,或以增加商品宽度为目的的商品。辅助商品的作用是配合主力商品,丰富卖场品种系列,扩大目标顾客的范围,形成较好的卖场气氛,而赢利是次要的,且定价比较灵活。关联商品是指同主力商品或辅助商品共同购买、共同消费的商品。关联商品具有方便顾客购买,增加主力商品的销售量的作用,关联商品的配备能够迎合顾客购买中图便利的消费倾向。

拓展知识

ABC 分析法

ABC 分析法又称帕累托分析法,它是根据事物在技术或经济方面的主要特征,进行分类排队,分清重点和一般,从而有区别地确定管理方式的一种分析方法。由于它把被分析的对象分成 A、B、C 三类,所以又称为 ABC 分析法。

ABC 分析法是由意大利经济学家帕累托首创的。1879 年,帕累托在研究个人收入的分布状态时,发现少数人的收入占全部人口收入的大部分,而多数人的收入却只占一小部分,他将这一关系用图表示出来,就是著名的帕累托图。该分析方法的核心思想是在决定一个事物的众多因素中分清主次,识别出少数的但对事物起决定作用的关键因素和多数的但对事物影响较少的次要因素。后来,帕累托法被不断应用于管理的各个方面。

ABC 法大致可以分 5 个步骤:(1)收集数据。针对不同的分析对象和分析内容,收集有关数据。(2)统计汇总。(3)编制 ABC 分析表。(4)ABC 分析图。(5)确定重点管理方式。

我们以销售管理为例来说明 ABC 法的具体应用。如果我们打算对商品进行年销售额分析,那么:

第一,确定统计周期,收集各个品目商品的年销售量、商品单价等数据。

第二,对原始数据进行整理。如表 2-6:

表 2-6 商品统计表

商品编号	单价(元)	销售数量(件)	商品编号	单价(元)	销售数量(件)
A105	8	5	A019	100	100
A001	1 100	150	A011	2	50
A002	300	1100	A020	1	100
A003	2 000	75	A010	200	1 500

续表

商品编号	单价(元)	销售数量(件)	商品编号	单价(元)	销售数量(件)
A004	1 000	420	A008	500	900
A016	5	80	A009	600	650
A014	4	25	A007	500	250
A017	5	20	A006	750	800
A013	2	200	A005	850	600
A018	4	100	A012	50	200

第三,作 ABC 分类表。在总品目数不太多的情况下,可以用大排队的方法将全部品目逐个列表。按销售额的大小,由高到低对所有品目顺序排列;将必要的原始数据和经过统计汇总的数据,如销售量、销售额、销售额百分数填入;计算累计品目数、累计品目百分数、累计销售额、累计销售额百分数。

将累计销售额为 60%～80%的前若干品目定为 A 类;将销售额为 20%～30%左右的若干品目定为 B 类;将其余的品目定为 C 类。

如果品目数很多,无法全部排列在表中或没有必要全部排列出来,可以采用分层的方法,即先按销售额进行分层,以减少品目栏内的项数,再根据分层的结果将关键的 A 类品目逐个列出来进行重点管理。如表 2-7:

表 2-7　分层的 ABC 分析表

按销售额分层范围(千元)	品目数	累计品目数	累计品目百分数(%)	销售额(千元)	累计销售额(千元)	累计销售额百分数(%)	分类结果
>6	260	260	7.6	5 800	5 800	69	A
5～6	86	346	10	500	6 300	75	A
4～5	55	401	11.7	250	6 550	78	B
3～4	95	496	14.4	340	6 890	82	B
2～3	170	666	19.4	420	7 310	87	B
1～2	352	1 018	29.6	410	7 720	92	B
≤1	2 421	3 439	100	670	8 390	100	C

第四,以累计品目百分数为横坐标,累计销售额百分数为纵坐标,根据

ABC 分析表中的相关数据,绘制 ABC 分析图。如图 2-1。

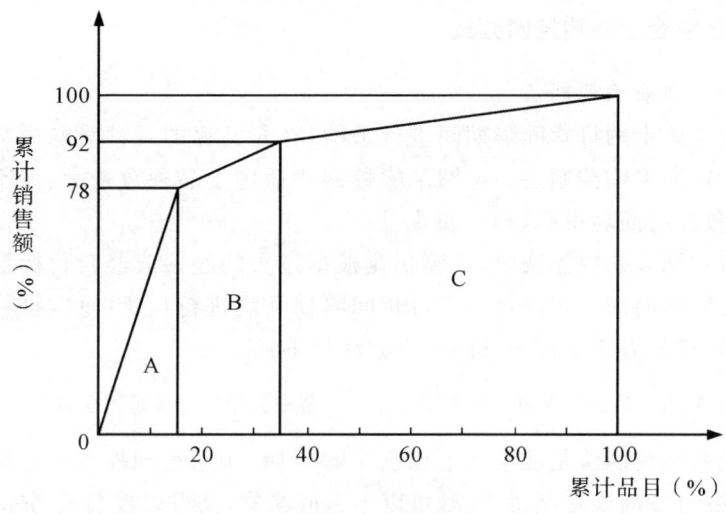

图 2-1　ABC 分类图

第五,根据 ABC 分析的结果,对 ABC 三类商品采取不同的管理策略。

4. 库存估算

在商品计划确定后,接下来就是确定库存计划。计算库存计划要运用到两个指标,即年度平均计划库存额和月初计划库存额。其中:

年度平均计划库存额＝年度销售额预算/预定商品周转率

月初计划库存额＝当月预计销售额×预定该月库存额销售额比率

其中预定该月库存额销售额比率根据经验确定。这种方法虽然缺乏理论依据,但却比较实用,因此运用也很广泛。

在连锁企业实际营运过程中,对于每个单品的库存量的核算往往采用一些简单却实用方法。例如,最小库存量＝安全库存天数×DMS＋排面计划量;最大库存量＝计划库存天数×DMS＋排面计划量,其中 DMS 为平均每日的销售数量(daily mean sales)。

5. 采购计划编写

在完成上述工作后,就可以着手起草采购计划。一个完整的采购计划包括多项内容,一般包括采购目标的确定、商品目录及各自采购数量及金额、库存计划、采购费用、毛利率指标、采购方式、供应商情况等,有的甚至还包括采购组织机构的建设与人员配备等。

二、连锁企业采购控制方式

(一) 定期采购控制法

按预先确定的订货间隔期间进行采购、补充库存的一种采购成本控制方式被称为定期采购控制法。定期采购控制法适用于品种数量大、占用资金较少、销量较少的商品采购,如 C 类商品。

采取定期采购控制法时,连锁企业根据过去的经验或经营目标预先确定一个订货间隔期间。每经过一个订货间隔期间就进行订货;每次订货数量都不同,定期订货方式中订货量的确定方法如下:

$$订货量 = 最高库存量 - 现有库存量 - 订货未到量 + 顾客延迟购买量$$

定期采购控制法是从时间上控制采购周期,从而达到控制库存量目的的方法,只要订货周期控制得当,既可以不造成缺货,又可以控制最高库存量,从而达到成本控制的目的,即使采购成本最少。

定期采购控制法优点有:①由于订货间隔期间确定,因而多种货物可同时进行采购;②降低订单处理成本;③降低运输成本;④不需要经常检查和盘点库存,可节省这方面的费用。

定期采购控制法缺点是:由于不经常检查和盘点库存,对商品的库存动态不能及时掌握,遇到突发性的大量需要,容易因缺货带来损失,因而企业为了应对订货间隔期间内需要的突然变动,往往库存水平较高。

实际上,订货周期也可以根据具体情况进行调整。如根据自然日历习惯,以月、季、年等;根据供应商的生产周期或供应周期进行调整等。

(二) 定量采购控制法

当库存量下降到预定的最低库存数量(订货点)时,按规定数量(一般以经济批量 EOQ 为标准)进行采购补充的一种采购成本控制方式称为定量采购控制法。定量采购控制法适用于品种数量少,占用资金多,销量大的商品采购,如 A 类商品,有时包括 B 类商品。

当库存量下降到订货点(也称为再订货点)时,按预先确定的订货量发出订单,经过订货提前期,收到订货,库存水平上升。由此可知,采用定量采购控制法必须预先确定订货点和订货量。

通常采购点的确定主要取决于需求率和订货提前期这两个要素。订货提前期指从采购员发出订货,到订货成交,并且把所订货物从对方仓库运进自己

仓库入库为止的整个时间阶段。在实际工作中,如果不考虑太多影响因素,可以采用如下简单的公式计算订货点:

$$E = LT \times D/365$$

其中,D 代表每年的需要量,LT 代表平均订货提前期或最长一次订货提前期。当市场需求经常发生波动或订货、到货间隔时间是变化的情况,订货点的确定方法较为复杂,且往往需要安全库存。

通常情况下,订货量依据经济批量的方法来确定,即以总库存成本最低时的经济批量(EOQ)为每次订货时的订货数量。经济订货批量是使订单处理和存货占用总成本达到最小的每次订货数量(按单位数计算)。订单处理成本包括使用计算机时间、订货表格、人工及新到产品的处置等费用。占用成本包括仓储、保险费、存货投资、货物变质、税收及失窃等。企业无论大小都可采用 EOQ 计算法。

经济订购批量法的计算公式是:

$$EOQ = \sqrt{\frac{2 \times F \times R}{C}}$$

其中,F 指每次订购费用,R 指年需求量,C 指单位产品年储存费用。

定量采购控制法的优点有:①每次订货之前都要详细检查和盘点库存(查看是否降低到订货点),能及时了解和掌握商品库存的动态;②每次订货数量固定,且是预先确定好了的经济批量,方法简便。

定量采购控制法的缺点是:经常对商品进行详细检查和盘点工作量大且须花费大量时间,从而增加了库存保管维持成本。该方式要求对每个品种单独进行订货作业,这样会增加订货成本和运输成本。

项目三　采购谈判与合同管理

知识目标

1. 了解采购谈判的流程；
2. 熟悉采购谈判的主要内容；
3. 了解采购合同的种类；
4. 熟悉采购合同的内容；
5. 熟悉采购合同纠纷处理的规定。

技能目标

1. 能够开展采购谈判准备工作；
2. 能够完成基本的采购谈判；
3. 能够开展采购合同签订前的审查；
4. 能够进行采购合同追踪；
5. 能够处理常见的供应商违约行为。

任务一　商品采购谈判

所谓谈判是一方与另一方一起开会面谈，就某些事情达成共识的过程。由于连锁企业采购金额很大，因此谈判工作格外地重要。成功的谈判是一个买卖双方经过计划、检讨及分析的过程，达成互相可接受的协议或折中方案，这些协议或折中方案里包含了所有交易的条件，而非只有价格。有效的谈判不仅可以使企业最大限度获得正当利益，而且可以使对方对谈判结果满意，并改善企业间的关系,为日后双方进一步合作奠定良好的基础。

学习任务

任务描述

A 连锁超市在高校区内开设一家社区超市,采购部经理安排你负责该新门店饮品类商品采购谈判。你计划从碳酸饮品采购着手,引进目前市场主流品牌的同时,引进一些新品。

任务要求

请做好碳酸饮品采购谈判准备,并模拟谈判。要求:

1.制定碳酸饮品采购谈判方案,重点在于:①明确谈判目标、主要谈判内容,并进行优先级排序;②列出 3 种可选组合,并对重要因素设定界限。

2.分组模拟进行演练,或课堂展示方案,由其他组点评。

任务分析

进行谈判准备时,应结合门店定位,在市场调查基础上,从确立目标、了解对手等六个方面进行准备。由于连锁企业采购异于其他企业采购,所以在确定谈判目标及主要内容时,要结合连锁企业经营特点选取合适的要素,以免因考虑不周给企业带来损失。

相关知识

一、采购谈判准备

一个完整的谈判过程包括谈判准备、谈判实施和谈判总结三个阶段。在采购谈判中有一个重要的 20/80 原则,即 80% 的准备、20% 的谈判,这说明谈判准备是谈判过程中的重要一环。准备得越充分,在谈判实施时就越容易获得主动,从而形成谈判优势。

完整的谈判准备包括确立目标、了解对手、谈判项目优先级排序、确定可能的选择方案、设定谈判问题界限、检验界限合理性等六个方面。在具体实施过程中,连锁企业可根据具体情况开展谈判准备。

1. 确立谈判目标

谈判目标是指谈判应达到的具体要求,主要以交易条件的形式反映出来,如交易标的的数量、价格、质量、配送货、支付方式、售后服务、推广赞助等。在确定谈判目标时,不仅要考虑短期的现实利益如价格,还要考虑长期的合作关系。

连锁企业与供应商进行谈判时,谈判目标主要有:

- 希望获得质量好、价格低的产品;
- 希望获得及时的供货服务;
- 希望能得到相关推广支持;
- 当发生纠纷时能够妥善解决;
- 保持与供应商的良好关系。

在确定谈判目标时,除考虑内部需求外,还要考虑市场行情、供应商情况、发展趋势分析等因素。

2. 了解对手

知己知彼,百战不殆。了解对手就是明确对方的谈判需求。通常情况下,要了解对手如下信息:市场状况、市场地位、谈判需求、谈判目标、资源情况、做决定的权限等。了解对手就可以预估在谈判过程中己方是强势一方还是弱势一方,从而决定谈判实施过程中更多地是对抗还是合作,以便处于有利地位。

3. 谈判项目优先级排序

采购谈判绝不仅仅是对单一目标进行谈判,而是涉及多项内容。通过在谈判中进行适当的交换与让步,从而让目标变成现实。优先级排序不是指每个项目谈判的先后顺序,而是每个项目对双方的重要性排序,即双方对每个项目关注的程度,关注程度最高的排序为1,次之排序为2,以此类推。

对谈判项目进行优先级排序,可以按照如下三个步骤开展:

- 确定谈判项目;
- 按照对己方的重要性,列出优先顺序;
- 估计谈判对手的排序情况。

优先级排序完成,则本次谈判是难是易,就已经了然于胸了。例如,表3-1是优先级排序的示例。

表 3-1 谈判项目的优先级排序

谈判项目	状态 A 优先顺序		状态 B 优先顺序	
	对手	己方	对手	己方
价格	1	1	1	4
付款	2	2	2	3
质量	3	3	3	2
数量	4	4	4	1
交货期	5	5	5	5
服务	6	6	6	6

通过表 3-1 可知,假设对手排序不变,己方排序分为状态 A、状态 B,哪种状态下谈判更容易,哪种状态下又会针锋相对,应该比较容易评判。

4.确定可能的选择方案

一次谈判应该有不同的解决方案。在谈判前,尽可能列出解决某一问题的多种解决方案,以使谈判有效展开,利于达成协议。这就要求在初步提议中找出可变要素,根据找出来的可变要素做出可行的替代方案。如表 3-2 所示,通过列出多种选择方案,可以增加谈判的灵活性,提高谈判效率。

表 3-2 谈判项目的多种组合

谈判项目	方案 1	方案 2	方案 3
价格	2.3 元	2.6 元	2.9 元
总销量	80 万	50 万	30 万
推广支持	5%	6%	8%
付款时间	60 天	90 天	90 天

拓展知识

BATNA(对未达成协议的最佳选择方案)

BATNA 是英文 best alternatives to non-agreement 的首字母缩写,也即

列出可能的选择方案。在此需要指出的是,千万不要在谈判桌上进行内部讨论,这很容易被老到的对手找到破绽。如果事先进行了充分的内部讨论,拟订了组合方案,就可以成功地避免这一问题。

5.设定谈判问题界限

对各个谈判项目提出界限值,也称为上下限或者顶线与底线。在准备阶段对每个谈判项目分别设定界限时,项目不同,顶线与底线的含义也有区别。第5个方面和第4个方面是相辅相成,交织在一起的。

谈判双方的界限如若没有重合部分,则谈判很难取得结果;如果有重合部分,该部分被称为可能达成协议的区间(zone of possible agreement,ZOPA)。

6.检验界限的合理性

确定谈判问题界限后,还应检验界限是否合理。合理的界限是既有必要性又有可行性。必要性是指从企业内部来看,该界限应符合并有助于实现连锁企业经营目标、采购考核目标等;可行性是指该指标确定是基于对供应市场的充分了解与把握,尤其是对谈判对手的分析与判断。

二、连锁企业采购谈判内容

1.商品质量

商品质量是指商品的内在质量和外观形态,这是交易双方最关心的问题之一。确定商品质量条款时,应从实际出发,在兼顾买卖双方利益的前提下,全面考虑国内外的生产情况和消费需要,结合商品的特性,确定合理的品质条款,以免影响履约和造成不应有的损失。

在签订采购合同时,品质条款是对商品应达到的技术指标、规格、等级、包装等的具体要求,是评定商品是否合格的重要依据。因此,品质条款必须明确具体,用语、数据、计量单位力求准确、恰当,以便于检验和分清责任。

在采购谈判中,对商品质量约定主要有三种方式:

(1)样品表示法。当一些商品的质量要求难以用文字、数据、图表准确表达时,就采用标准化机构或交易双方共同确定的,能反映规定质量要求的标准化实物样品,作为进行商品质量评价的依据。如目前在粮食、茶叶等商品的质量管理中都要用到标准样品。

(2)说明表示法。凡是以实物以外的其他形式来规定商品质量的,均可以此为凭证,说明表示商品的质量。具体有凭规格说明、凭等级说明、凭标准说明、凭商品或牌号等几种方式。

(3)复合表示法。在实际交易中,有时是上述两种方法结合在一起同时使用。但要注意,多种方式共同使用时,应注明哪种方法为基准,哪种方法为补充。

同时,在商品采购谈判中约定商品质量时还应注意:

第一,商品质量标准会随着社会、科技发展而变化,所以在引用商品质量标准文件时应注明版本,以免发生误解或争议。

第二,商品质量的其他主要指标,如商品寿命、可靠性、安全性、经济型等条款,都应力求明确,便于监测操作认定。

第三,商品质量条款应与商品价格条款紧密相连,互相制约。

2.商品数量

商品数量是采购谈判的核心内容。商品数量的多少,不仅关系到卖方的销售计划和买方的采购计划能否完成,而且与商品的交易价格密切相关。在确定商品数量时,首先要明确所采用的计量单位,不同商品的计量单位往往不同,如纺织品往往用件、双、打等,日用品用个、瓶、箱、件等;而且由于外包装不同,同类商品不同生产厂家,计量单位有时也会不一致,如有的一箱6瓶,有的一箱4瓶等。其次要明确商品重量计量单位,商品重量计量方法主要有两种,其一是按照毛重计算,其二是按照净重计算,这点务必要明确,以免发生纠纷。

3.商品包装

商品包装的种类很多。按包装的作用分,有运输包装和销售包装;按包装容器分,有箱形包装、桶形包装、袋形包装、包形包装;按包装材料不同,有木制包装、纸制包装、金属包装、玻璃包装、塑料包装、陶瓷包装等。在采购谈判中,对于包装条款应注意:(1)明确包装材料和包装形式;(2)明确包装规格、技术和方法;(3)明确包装费用,虽然通常包装费用包括在价格内,但特殊要求除外。

商品包装还可分为内包装和外包装。内包装是用来保护、陈列或说明商品的,而外包装则仅用于仓储及运输过程中对商品的保护。对连锁企业而言,外包装若不够坚固,仓储运输中商品的损坏太大,会降低作业效率、增加损耗,影响利润。外包装若太坚固,则成本增加,采购价格势必偏高。设计良好的内包装往往能提高顾客的购买意愿,加速商品流通。因此,采购人员在谈判包装的项目时,谈判的结果应能保证彼此双方都能获得最大的利益,否则不应草率订货。对于某些有销售潜力,但却无合适的自选式包装的商品,采购人员应积极说服供应商制作此种包装,供门店销售。

4. 商品价格

价格是采购谈判事项中最重要的项目。商品价格一般受商品成本、商品质量、成交数量、供求关系、谈判能力、竞争条件、运输方式和厂家的价格政策等因素影响。

商品价格除了单价、总价外,还包括折扣、进货奖励等。折扣通常有新产品引进折扣、数量折扣、付款折扣、促销折扣、无退货折扣、季节性折扣、经销折扣等多种。有些供应商可能会以全无折扣作为谈判的起点,有经验的采购人员会引述各种形态的折扣,要求供应商让步。

进货奖励与数量折扣是有区别的:进货奖励是指一段时间达成一定的进货金额时,供应商给予的奖励,这是家电及某些行业惯用的行销方式;而数量折扣则是指单次订货的数量超过某一范围时所给的折扣。通常情况下,采购人员都要求供应商或厂家给予进货金额的1‰~10‰作为进货奖励(以月、季或年计算),有些商品供应商可能因种种原因不愿以低的价格供应,这时采购人员为增加利润,应积极与供应商谈判,要求更高的进货奖励,但切忌为了争取奖励而不切实际地增加采购数量,致使库存压力大增,甚至季后必须打折销售。这种情况下,采购人员不如不要进货奖励。

此外,对任何所计划采购的商品,在谈判之前,采购人员应事先调查市场价格,如果没有相同商品的市价可查,应参考类似商品的市价。

5. 交货及付款方式

交货是指卖方按照与买方约定的时间、地点和方式将符合合同的商品交付给买方的行为。交货条款主要包括交货期、交货方式、交货地点、运输单据、运费等内容。对于连锁企业而言,交货时通常要求供应商送货至连锁企业的配送中心,有时也会要求送货至门店。对于交货期的约定,一般而言,交货期越短越好。因为交货期短,则订货频率增加,订购的数量就相对减少,所以存货的压力也大为降低,仓储空间的需求也相对减少。对于有长期承诺的订购数量,采购人员应要求供应商分批送货,以减少库存的压力。

付款方式包括货款结算支付方式、期限、地点等内容。通常情况下,货款结算方式分为现金结算和转账结算,其中以转账结算为主,仅在特殊情况下采用现金结算。在正常情况下,连锁企业结算货款时,只要单据齐全,就会按买卖双方约定的付款条件进行。付款期限与采购价格息息相关,目前大多数连锁企业的付款期限一般是30~90天。对于供应商而言,肯定是希望付款期限越短越好,并愿意为此提供适当折让。因此,采购人员应在计算的基础上达成对企业最有利的付款条件。

由于连锁企业商品的进出量极大,若供应商无法在送货作业上与连锁企业的运营密切配合,将会严重影响连锁企业的收货、配送作业。采购人员在谈判时,必须将本企业作业方式向供应商说明清楚,并要求供应商做出承诺,否则日后一旦供应商无法实现按要求送货,对连锁企业的经营将带来很多麻烦,双方合作关系也会大打折扣。

6.商品检验及保险

商品检验是对交易商品的质量、数量、包装等项目按照合同规定的标准进行检查或鉴定,并由检验部门出具证明,作为买卖双方交接货物、支付货款和处理索赔的依据。交易商品是否符合合同中规定的质量要求,交易双方能否顺利交货履约,以及发生问题后的争议处理,都与合同中约定的商品检验条款密切相关。

商品检验条款主要包括:发货人的检验机构、检验时间、检验地点、检验证书;收货人的复验、复验机构、索赔期限、检验费用以及仲裁等条款;有些商品还应明确检验标准、抽样方法、检验方法、检验条件以及使用的检测仪器设备等。

商品保险主要内容有:买卖双方的保险责任、具体明确办理保险手续和保险费用的承担者等。我国国内贸易中未明文规定保险责任该由谁来承担,只有通过谈判、协商来解决。

7.销售支持

销售支持是指供应商对连锁企业的促销、客户服务等事宜的支持情况,具体包括售后服务保证、促销支持、广告赞助等。

对于需要售后服务的商品,如家电商品、计算机、手表、照相机等,采购人员最好在谈判时要求供应商在商品包装内提供该项商品售后服务维修的单位名单(包括电话与地址)及保证单,以便日后客户发现他所购买的商品需要维修时,能直接与附近商店联络,避免连锁企业人员疲于应付维修问题。

开展促销是连锁企业日常经营中的一大武器。促销效果如何,往往取决于采购人员选择的商品是否正确,以及售价是否能吸引客户上门。在策略上,连锁企业通常会在促销活动之前一两周停止正常订单的运作,而刻意多订购特价促销的商品,以增加利润,除非采购人员无法取得特别的价格。在促销商品的价格谈判中,采购人员必须了解供应商的行销费用预算。该预算通常占营业额的10%~25%,供应商可以从中拨出一部分作为促销之用,比较常用的方法是多用相同商品作为免费赠品,如买三赠一等。

为增加连锁企业的利润,采购人员应积极与供应商谈判,以争取更多的广告赞助。此处的广告赞助有快讯的广告赞助、停车场看板的广告赞助、购物车广告板的广告赞助、卖场标示牌的广告赞助、端架的广告赞助等。

8.争议与争议处理

在商品交易中,买卖双方常常会围绕彼此的权利和义务产生争议,并由此引起索赔、仲裁等情况的发生。为了使争议得到顺利的处理,买卖双方在采购谈判中,对争议导致的索赔和解决争议的方式应进行充分的磋商,并做出明确的约定。此外,对于不可抗力及其对合同履行的影响结果等,也应进行约定。

三、采购谈判的具体原则

(一)不轻易改变提供的价格

价格是采购谈判的核心,因此价格往往成为谈判双方争执的焦点。要想在价格问题上掌握主动,其中一个方法就是运用"价格—质量—服务—条件—价格"逻辑循环谈判法则。即不给对方讨价还价的余地,使对方处于一种只能在枝节问题上进行交涉,而在核心问题上无法进展的境地。

(二)做好战前准备

商场如战场。在没有充分准备的情况下,要避免仓促应战。在进行正式谈判前,应在条件许可的情况下,事先掌握谈判对手的企业现状,如企业的信誉、优势和劣势等;弄清本次谈判的利益何在、问题是什么、谁是对方的决策人物等有关资料。只有充分了解对手,才能有针对性地制定谈判策略,击中对手的要害,使己方处于优势。

(三)注意信息的收集、分析和保密

在信息时代,信息收集是至关重要的一环,谁掌握的信息多,谁就在谈判中处于主动;谁把握信息快,谁就在谈判中占据优势。这就要求参与谈判的时候,只有在十分必要的情况下才能将有关的想法一点一滴地透露出去,绝不要轻易暴露自己已知的信息和正在承受的压力,并且应想方设法多渠道去获取有关的信息,以便及时调整己方的谈判方案。

(四)重视每一个客户

一个客户就是一次商机,要重视与你谈判的每一个客户,即使是很小的客户也有可能发展成很有实力的潜在客户。因此要采取一切措施,使谈判对方对谈判保持极大的兴趣。通过给予对方心理上更多的满足来增强谈判的吸引力,如施展个人的形象魅力,树立诚实、可信、富于合作精神的形象,使对方产生可信赖、可交往的感觉,缩短对方心理上的距离;或让对方预感到他即将获得的成功,设法增强其自我满足感,使其保持良好的心绪和持久的自信心,从而使对方不轻易中断和己方的谈判。

(五)制造对手间的竞争气氛

让对手们彼此之间去竞争,以取"鹬蚌相争,渔翁得利"之策。对于自己的竞争者,则要沉着应战,不要惊慌失措,不然对谈判于事无补。

(六)在谈判中应多听、多问、少说

谈判不是演讲,演讲的目的是要把自己的主张和想法告之听众,而谈判的目的是通过语言交流实现自己的谈判目标,分得更多的"蛋糕"份额。这就要求尽可能多地了解和获悉对方的意图。倾听是发现对方需要的重要手段;恰当的提问是引导谈判方向、驾驭谈判进程的工具,所以谈判能手往往是提问的专家。而说得过多则会产生不应有的失误,所谓"言多必失",极易使自己陷于被动。同时,多听多问有助于发觉事情的真相,探索对手的动机和目的,迫使对方更多地提供信息反馈,使我们从中获悉新的情况,以确立和调整己方的策略、措施和方法。

(七)不要急于向对手摊牌或展示自己的实力

让对手摸不到自己的底牌是谈判重要的计策之一,所以不要轻易把自己的要求和条件,过早地、完整地、透彻地告诉对方,应采取有效的暗示方式,如通过第三方的影响或舆论的压力。沉着应战,使对方陷入疲惫境地,当对方的耐心被攻破时,谈判就会有极大的转机,就会向着对自己有利的方向发展。

(八)为自己留下退路

谈判时不宜使自己表现得在谈判结果上毫无退让之势。一般来说,谈判目标可分为三级,即最低目标、可接受目标和最高目标。最高目标是应努力争取的,最低目标是退让妥协的底线,可接受目标是可谈判的目标。

具体的策略应根据自己在谈判中所处的地位而定:当你想获取时,应提出比你原预想的目标还高些的要求,而不应恰好处于原预想的目标上;当你要付出时,应提出比你原预想的目标还低些的要求,而不应恰好处于原预想的目标上。虽然没有适当的让步,谈判就无法进行下去,但让步是要有原则的。让步的原则是:让步要稳,要让在明处;要步步为营,小步实施;要让对方知道,提醒对方注意;如果是单方面让步,其危害性不仅仅在于让步的大小,主要在于它削弱了己方的谈判地位;让步之后要大肆渲染,即告知对方自己因让步所做出的牺牲和所受到的损失,希望对方予以关注,并要求对方予以补偿。

(九)要与对方所希望的目标保持接触

在采购谈判中,应与对方所希望的目标保持恰当的接触,如果发现己方的

要求和对方的要求之间差距较大,则应及时发出信号。如通过与旁人进行闲谈,故意把信号传递给对手,或通过中间人的联系,把我们的意图告诉对方,以避免加大不必要的谈判成本。

(十)要让对方从开始就习惯于己方的谈判目标

在谈判中能够控制议程的人,实际上也就控制了谈判的方向,而谈判议程是根据谈判目标来确定的,所以要通过议事日程的安排来有效地贯彻己方的谈判目标。绕开己方不愿谈的问题,适时地讨论己方希望触及的问题,这样就使己方在谈判中始终处于主动地位。

五、采购谈判技巧

采购谈判是采购的重要组成部分,采购部门有必要对采购谈判策略和技巧进行研究和探讨,以提高议价的能力,为超市创造更多的效益。以下列举了一些谈判技巧,以供采购人员参考。

(一)谈判前要有充分的准备

俗话说:"知己知彼,百战百胜。"成功谈判的最重要步骤就是要先有充分的准备。采购人员的商品知识,对市场及价格的了解,对供需状况的了解,对超市的了解,对供应商的了解,超市所能承受的价格底限、目标、上限,以及其他谈判的目标都必须先有所准备,并列出优先级,将重点简要地列在纸上,在谈判时随时参考,以提醒自己。

(二)必要时请求上级主管进行谈判

采购人员的议价结果不太理想时,如果采购金额较大,应请求上级主管甚至买方总经理向卖方相应的主管直接对话,这样做通常效果很好。

这是因为高层主管不仅议价技巧与谈判能力会高超一些,且社会关系广、地位高,经验又丰富,常常有可能与对方主管拥有共同语言,甚至一见如故。如果见面的话,对方也因买方主管的出面会有受到敬重或重视的感觉,从而可能使商务谈判易于进行,甚至提高降价的幅度。这种策略需要注意的是,采购人员最好请相应职务的双方主管进行会谈,尽量避免直接和比自己职位高的双方主管会谈,以免在谈判时处于不利地位,且容易"得罪"业务人员,令工作不好开展。

(三)在谈判中与有决定权的人谈判

超市的采购人员接触的对象可能有业务代表、各级业务主管、经理、协理、副总经理、总经理或董事长,视供应商的规模大小而定。这些人的权限都不一样。采购人员应避免与没有决定权的人谈判,以免浪费自己的时间,同时可避免事先将超市的立场透露给对方。谈判之前,最好问清楚对方的权限。

另外,这一策略尤其适用于某些"家长式"的企业,即那些一个人或少数几个人说了算的企业。公司的采购人员可以在事先已做了仔细的市场价格调查的情况下,和对方的区域主管商谈,价格谈不下来;其后又与对方销售部副经理、经理谈,如果只是被告知价格是刚性的,这时采购人员就要意识到,是不是对方可能只有老总才有定价权。于是采购人员可以通过各种渠道与对方的老总谈判,往往会收到意想不到的效果。

在对方低层主管没有价格决策权的情况下,采取这种策略是非常必要的,对方业务人员和低层主管对此也无可非议。但这种方法一般难度比较大,不一定成功,因为对方的具有决策权的人不一定那么容易说服;而且一旦不成功,还有可能得罪对方谈判人员,破坏双方的关系。

(四)设法给对手以巨大的压力

在与原供应商的商务谈判过程中,特别是针对那些较小的供应商,采购人员就要将重点集中于连锁企业的强大实力和良好信誉等方面,避而不谈具体的实质性的内容。最后,因为对方急于维护供应关系,只好降低价格。这样,企业在不改变品牌的情况下就能顺利达到降低采购成本的目的。

给对手压力的另一种方法就是攻击,攻击是最好的防御。采购人员应尽量将自己预先准备的问题以开放式的问话方式询问,使对方尽量暴露自己的立场,然后采取主动,乘胜追击,给对方足够的压力。对方若难以招架,自然会做出让步。

(五)尽量与总厂或原厂家直接接触

有些中间供应商由于"独家代理",价格居高不下,谈判、议价总无结果,这时便可采取"直捣黄龙"的策略。如对某材料的订购,如果企业经与其他生产厂的同类产品比较,"总代理"的价格高出许多,并且企业多次要求该"总代理"降价未果。在这种情况下,企业可以撇开"总代理",直接向原厂家询价。结果可能是原厂家拒绝,企业依然回到中间供应商那里;另一种结果可能就是原厂家不但报价,而且价格比"总代理"低。因此,采购人员应在议价过程中小心辨别"总代理"的虚实,因为有些供应商自称为总代理,事实上并未与国外原生产厂签订任何合约或协议,只是借总代理的名义自抬身价,获取超额利润。

(六)以退为进

所谓"以退为进",是指采购人员在采购过程中先做出一定的"让步"以显示自己的高姿态,有时会得到意想不到的好效果。

(七)在谈判中的其他注意事项

1.不要草率下决定

谈判中,有些事情可能超出采购人员的权限或知识范围,对此采购人员不应操之过急,装出自己有权或了解此事,做出不应做出的决定,此时不妨以退为进,与主管及同事研究或弄清事实情况后,再答复或决定也不迟,毕竟没有人是万事通的。草率仓促的决定大部分都不是好的决定,智者总是先深思熟虑,再做出决定。

2.谈判时要避免谈判破裂

有经验的采购人员,不会让谈判完全破裂,否则根本不必谈判,他总会给对方留一点退路,以待下次谈判达成协议。没有达成协议总比勉强达成协议好。

3.放长线,钓大鱼

有经验的采购人员知道对手的需要,故尽量在小处着手满足对方,然后渐渐引导对方满足自己的需要。避免先让对手知道自己的需要,否则对手会利用此一弱点要求自己先做出让步。

4.必要时转移话题

若买卖双方对某一细节争论不休,无法谈拢,有经验的采购人员会转移话题或喝个茶暂停,以缓和紧张气氛。

5.尽量以肯定的语气与对方谈话

否定的语气容易激怒对方,让对方没有面子,谈判因而难以进行。故采购人员应尽量肯定对方,称赞对方,给对方面子,这样对方也会愿意给面子。

6.尽量成为一个好的倾听者

一般而言,业务人员总是认为自己能言善道,比较喜欢讲话。因而采购人员知道应尽量让他们讲,从他们的言谈及肢体语言之中,采购人员可听出他们的优势与缺点,也可了解他们的谈判立场。

7.尽量为对手着想

很少有人会认为,谈判时应赶尽杀绝,丝毫不能让步。事实证明,大部分成功的采购谈判都是要在彼此和谐的气氛下进行才可能达成。人都是爱面子的,任何人都不愿意在彼此威胁的气氛下谈判,何况连锁企业与良好的供应商应有细水长流的合作关系,而不是对抗的关系。

任务二　商品采购合同签订

连锁企业商品采购谈判内容要通过采购合同来体现。采购合同是买卖双方在进行正式交易前为保证双方的利益,结成的对买卖双方均有法律约束的正式协议;是在交易双方资源、互利基础上签订的,一经签订就有法律效力并受法律保护。采购合同的主要内容包括:合同标的、标的数量和质量、期限和方式、价款及费用、违约责任、附件等。

学习任务

任务描述

在任务一中,通过谈判确定 A 供应商作为某品牌碳酸饮料供应商。采购经理请你起草一份饮料采购合同草稿,并强调要素齐备,内容完整。请上网查找连锁企业采购合同范本,参照范本起草该合同。

任务要求

在起草采购合同时,应当注意:
1.合同框架要完整,应包括首部、正文、尾部;
2.合同要体现超市采购的特性,如要有配送、结算、销售支持等条款。

任务分析

连锁企业采购合同既具有一般采购合同的共性,又具有连锁企业的特性,因此,在起草合同时应对通用版本的采购合同进行补充,对一些特殊规定要做出明确说明,同时也要尽可能地包含谈判中达成的事项,以免在日后订货、送货、结算、销售支持、售后服务等环节出现纠纷。

相关知识

一、连锁企业采购合同的内容

连锁企业采购合同是连锁企业和供应商在采购谈判达成一致的基础上,双方就交易条件、权利义务关系等内容签订的具有法律效力的契约文件,是双方执行采购业务活动的基本依据。

一份连锁企业采购合同主要由首部、正文与尾部三部分组成。

（一）首部

采购合同的首部主要包括名称、编号、签订日期、签订地点、买卖双方的名称以及合同序言。

（二）正文

正文主要包括八项内容：

1.商品的品种。商品的品种应具体,避免使用综合品名。必要时,可附上商品品种明细表。

2.规格和数量。商品的规格应规定颜色、式样、尺码和牌号等；商品的数量多少应按国家统一的计量单位标出。

3.品质和包装。合同中应规定商品所应符合的质量标准,注明是国家或部颁标准；无国家和部颁标准的应由双方协商凭样订（交）货；对于副、次品应规定出一定的比例,并注明其标准；对实行保换、保修、保退办法的商品,应写明具体条款；对商品包装材料、包装式样、规格、体积、重量、标志及包装物的处理等,均应有详细规定。

4.商品的价格和结算方式。合同中对商品价格的规定要具体,规定作价的办法和变价处理等；规定对副品、次品的扣价办法；规定结算方式和结算程序。

5.交货期限、地点和发送方式。交（提）货期限（日期）要按照有关规定,并考虑双方的实际情况、商品特点和交通运输条件等确定。同时,应明确商品的发送方式（送货、代运、自提）。

6.商品验收办法。合同中要具体规定在数量上验收和在质量上验收商品的办法、期限和地点。

7.违约责任。签约一方不履行合同,违约方应负物质责任,赔偿对方遭受的损失。

8.合同的变更和解除条件。在什么情况下可变更或解除合同,什么情况下不可变更或解除合同,通过什么手续来变更或解除合同等情况,都应在合同中予以规定。

除此之外,采购合同应视实际情况,增加若干具体的补充规定,使签订的合同更切实际,更有效力。

(三)尾部

合同的尾部包括:合同的份数、使用语言及效力、附件、合同的生效日期和双方的签字盖章。

二、采购合同的形式

采购合同的形式主要有口头形式和书面形式两种。

(一)口头形式

口头形式指合同双方当事人只是通过语言进行意思表示,而不是用文字等书面表达合同内容而订立合同的形式。采用口头形式订立物品采购合同的优点为:当事人建立合同关系简便、迅速,缔约成本低。缺点为:这类合同发生纠纷时,当事人举证困难,不易分清责任。

《合同法》在合同形式的规定方面与旧合同法的规定有很大不同。放松了对当事人的要求,承认多种合同形式的合法性,将选择合同形式的权利交给当事人,对当事人自愿选择口头形式订立物品采购合同的行为予以保护,体现了合同形式自由的原则。但是《合同法》同时规定:"法律规定采用书面形式的合同,必须采用书面形式。"这是法律从交易安全和易于举证的角度考虑,对一些重要合同要求当事人必须签订书面合同。

(二)书面形式

简单地说,书面形式是以文字为表现形式的合同形式。书面合同的优点在于有据可查、权利义务记载清楚,便于履行,发生纠纷时容易举证和分清责任。《合同法》第11条明确规定:"书面形式是指合同书、信件和数据电文(包括电报、电传、传真、电子数据交换和电子邮件)等可以有形地表现所载内容的形式。"在我国目前市场经济制度尚未完善之际,当事人订立物品采购合同,适宜采用书面合同形式。

书面合同是采购实践中采用最广泛的一种合同形式,也是一种十分重要的合同形式。《合同法》规定:"法律、行政法规规定采用书面形式的,应当采用书面形式。当事人约定采用书面形式的,应当采用书面形式。"书面形式合同具体分为以下四类。

1. 信件

信件是当事人就合同的内容相互往来的普通信函。内容一般记载于纸张上,因而也属于书面形式的一种。在采购合同中,经常是当事人在签订合同书的基础上,又围绕合同条款发生一系列信件往来,这些信件构成书面合同的一部分。

2.合同书

记载合同内容的文书。当事人采用合同书形式订立采购合同的,自双方当事人签字或者盖章时成立。它是书面合同的一种,也是物品采购合同中最常见的一种。

3.数据电文

它是与现代通信技术相联系的书面形式,包括电报、电传、传真、电子数据交换和电子邮件。其中,电报、电传和传真是通过电子方式来传递信息,它们的最终传递结果,都被设计成纸张的书面材料。而电子数据交换和电子邮件则不同,它虽然也是通过电子方式传递信息,但它的传递结果可以产生以纸张为载体的书面资料,也可以被储存在磁带、磁盘、激光盘或其他接收者选择的非纸张的中介物上。这些由中介载体载明的信息记录,构成了明确、可靠的书面资料,能够充分证明合同的存在。这完全符合书面合同的概念和要求,因此,电子数据交换和电子邮件也是书面合同形式的一种。这种合同形式在订立涉外物品采购合同时比较多见。随着电子计算机和互联网技术的发展和普及,这种书面合同形式会越来越多。

4.确认书

通过信件和数据电文的方式订立物品采购合同时,在承诺方承诺生效之前,当事人以书面形式对合同内容予以确认的文件称为确认书。它实质上是一种合同书的形式。《合同法》规定:"当事人采用信件、数据电文等形式订立合同的,可以在合同成立之前要求签订确认书。签订确认书时合同成立。"

三、采购合同签订准备

合同依法订立后,双方必须严格执行。因此,采购人员在签订采购合同前,必须审查供应商的合同资格、资信及履约能力,按经济合同法的要求,逐条订立采购合同的各项必备条款。

(一)审查供应商的合同资格

合同资格是指订立合同的当事人及其经办人必须具有法定的订立经济合同的权利。这一点主要是确定供应商作为合同主体是否具有合法签约的能力。若供应商不具备合同资格,则与其签订的采购合同不具备法律效力。因此，在签订采购合同之前，采购人员应首先审查供应商的合同资格。一般审查包括法人资格和法人能力两方面的审查。

1.法人资格审查

判断一个组织是否具有法人资格，主要看其是否持有工商行政管理局颁发的营业执照。经工商登记的国有企业、集体企业、私营企业、各种经济联合体、实行独立核算的国家机关、事业单位和社会团体，都可以具有法人资格，成为合法的签约对象。

在对卖方法人进行资格审查时应注意：没有取得法人资格的社会组织、已被取消法人资格的企业或组织，无权签订采购合同。要特别警惕一些根本没有依法办理工商登记手续或未经批准的所谓的"公司"，它们或私刻公章，冒充法人，或假借他人名义订立合同，其目的是骗取买方的贷款或定金。同时，要注意识别那些没有设备、技术、资金和组织机构的"四无"企业，它们往往在申请营业执照时弄虚作假，以假验资、假机构骗取营业执照，虽签订供货合同并收取货款或定金，但根本不具备供货能力。

2.法人能力审查

法人能力审查主要是审查卖方的经营活动是否超出营业执照批准的范围。超越业务范围以外的经济合同属无效合同。此外还包括对签约的具体经办人的审查。采购合同必须由法人的代表人或法定代表人授权证明的承办人签订。法人的法定代表人就是法人的主要负责人，如厂长、经理等。他们代表法人签订合同。法人代表也可授权业务人员如推销员、采购员作为承办人，以法人的名义订立采购合同。承办人必须有正式授权证明书，方可对外签订采购合同。法人的代表人在签订采购合同时，应出示身份证明、营业执照或其副本；法人委托的经办人在签订采购合同时，应出示本人的身份证明、法人的委托书、营业执照或副本。

（二）审查供应商的资信和履约能力

审查供应商的资信情况，了解当事人对采购合同的履行能力，对于在采购合同中确定权利义务条款具有非常重要的作用。包括以下两个方面。

1.资信审查

资信即资金和信用。如要签订采购合同，卖方法人要具有一定的基本物质基础（固定的生产经营场所、生产设备和与生产经营规模相适应的资金，特别是拥有一定比例的自有资金）。准备签订采购合同时，采购人员在向卖方提供自己的资信情况说明的同时，要认真审查卖方的资信情况，从而建立起相互信赖的关系。

2.履约能力审查

对卖方履约能力的审查,其实就是要了解对方有没有履行采购合同所必需的人力、物力、财力和信誉保证。包括技术和生产能力、原材料与能源供应、工艺流程、加工能力、产品质量、信誉高低等方面的综合情况。如果经审查发现卖方资金短缺、技术落后、加工能力不足,无履约供货能力,或信誉不佳,都不能与其签订采购合同。只有在对卖方的履约能力充分了解的基础上签订采购合同,才能有可靠的供货保障。

任务三　商品采购合同履行

合同履行是指采购合同当事人必须严格按照合同所规定的标的去履行自己的义务。相对于其他企业而言,连锁经营企业采购合同履行期限较长(例如一年),且大多采取多批少量(通常通过订单方式来实现)的执行方式,此时合同履行管理就非常重要。良好的合同履行,可以为连锁企业营运提供有力的保障和支持,并降低企业经营成本,增加企业收益。

学习任务

任务描述

采购经理通知你去处理一起采购纠纷。A 供应商是公司饮品类供应商,供应质量一直较稳定,但最近一个月,该供应商的货品由公司配送中心配送到门店后,门店验收时经常出现纸箱破损商品受到影响的问题,还有一次纸箱内商品数量不足,总短缺数量十几瓶。订货人员与 A 供应商沟通,但 A 供应商反馈商品装车时包装完好,数量充足,没有问题。

任务要求

请根据采购经理描述,分析导致问题出现的原因,并准备几套纠纷解决预案。

任务分析

导致采购纠纷的原因有很多,合理处理采购纠纷必须要按照明确责任、解决纠纷、损失索赔的步骤开展,其中明确责任是前提。采购人员应在仔细调查基础上,确定供应商、运输方、配送中心等方面责任,并据之进行索赔或整改。

相关知识

一、采购合同的跟踪

跟踪采购合同是连锁企业订单人员的重要职责。在实际订单操作过程中,合同、需求、库存三者之间会产生矛盾,突出的表现是:因各种原因合同难以执行、需求的不能满足导致缺货、库存难以控制等。与此相对应,跟踪合同的目的在于促进合同正常执行、满足经营商品需求和保持合理的库存水平等。

(一)执行前跟踪

当一个订单制定后,供应商是否接受该订单,是否及时签订订单等都是订单人员要及时了解的情况。采购过程中,通常同一类商品有几家供应商,独家供应的情况是很特殊的。虽然每个供应商都有分配比例,但是在具体操作时还可能会遇到供应商因为各种原因而拒绝订单的情况。由于时间的变化,供应商可能要提出改变认证过的"合同条款",包括价格、质量、货期等,作为订单人员应该充分与供应商进行沟通,确认可选择的供应商。如果供应商按时履行订单,则说明对供应商的选择是正确的;如果供应商确实难以接受订单,千万不可以勉强,可以在另外选择其他签约供应商,必要时开发新供应商。

(二)执行过程跟踪

与供应商签订的合同具有法律效力,订单人员应该全力跟踪,合同确实需要变更时要征得供应商的同意,不可一意孤行。合同执行过程中跟踪要把握以下几点:

1.密切跟踪

密切跟踪供应商准备商品的过程,保证订单正常进行。如发现问题要及时反馈,需要临时变更供应商的要立即处理,不能在这方面耽误时间。

2.及时响应经营需求

如果因市场需求紧急,需要加急供应的,订单人员应及时与供应商协调,必要时还应帮助供应商解决疑难问题,保证商品及时供应。有时市场需求出现滞销,公司经过研究决定延缓或取消本批订单,订单人员也应该立即与供应商沟通,确认可以承受的延缓时间,或者终止订单操作。

3.控制库存

订单人员应该密切关注库存水平,既不能缺货,又要保持最低的库存水平,减少库存资金占用,这是一个非常具有挑战性的任务。当然,库存问题还与采购商品的市场供应情况有关。

4.严格核对

商品到达后,订单人员必须按照原先所下的订单对商品的数量、单价、总金额等进行确认,并录入归档,定期办理付款手续。

(三)执行后跟踪

订单人员在收货后,应按照合同规定的支付条款与供应商进行结算。如果合同约定期限到后供应商仍未收到货款,订单人员有责任督促付款人员按照流程规定加快操作,否则会影响企业信誉。

另外,合同跟踪还要注意以下几点:

1.在合同跟踪过程中,订单人员要注意供应商的质量、供货期等情况的变化。需要对原采购合同条款进行调整的,要提醒采购人员。

2.注意把合同、过程数据进行分类保存。如果采用计算机软件管理系统进行管理,就应及时把合同进展情况录入计算机系统。

3.供应商的历史表现数据对订单下达及合同跟踪具有重要的参考价值,因此,应当注意利用供应商的历史情况来决定如何进行过程管理。

二、采购合同的变更和解除

采购合同的变更是指采购合同当事人之间对原订合同的某些条款进行修改或者补充所达成的新协议。采购合同变更的范围,可以是标的数量和质量、价款或酬金的数额、履行的期限、地点和方式等,也可以是当事人,即采购合同主体的变更,如法人的合并与分立而引起的采购合同权利和义务的转移。采购合同的变更是以原订采购合同为基础,只是对原订采购合同局部要素进行修改,因此,它与签订一份新合同有着原则的区别。

采购合同解除是指采购合同当事人之间在法律规定的条件下,在原来约定的合同有效期内,就提前终止采购合同所达成的新协议。这里需要注意两个问题:第一,提前终止合同的效力,是指采购合同当事人双方协商一致,在合同没有履行或没有全部履行时,解除双方因合同确立的权利义务关系,这和采购合同的履行完毕是完全不同的。第二,除法律另有规定者外,解除采购合同不等于解除责任。

采购合同的变更和解除必须符合法律规定的条件,根据采购合同法的规定,凡是符合下列条件之一者,允许当事人变更或解除采购合同:

(1) 当事人双方经过协商同意,并且不因此损害国家利益和社会公共利益。订立采购合同是当事人双方遵循协商一致的基本原则达成的协议,所以,变更或解除采购合同,也应遵循这一原则,在双方协商同意、取得一致意见的基础上进行。但是双方协商同意的意见,只有在不损害国家利益和社会公共利益的前提下,才允许变更或解除采购合同。

(2) 由于不可抗力致使采购合同的全部义务不能履行。所谓不可抗力是指当事人所不能预见,无法抗拒的意外事故,如地震、台风、海啸、战争等。由于发生不可抗力的原因,当事人不能预见,也不能避免,因此一旦发生这种情况,致使当事人一方没有履行合同规定的义务,通知当事人变更和解除采购合同。但当事人必须注意三点:①必须及时通知另一方,并在合理时间内提供必要的证明文件,以减轻可能给另一方造成的损失。按《联合国国际货物销售合同公约》,如果当事人一方未及时通知而给对方造成损害的,仍应负赔偿责任。②最好在不可抗力条款中应明确规定具体的通知和提交证明文件的期限和方式。③收到不可抗力的通知及证明文件后,无论同意与否,都应及时回复。

三、采购合同纠纷处理

采购合同纠纷是指当事人双方在依法签订经济合同之后,履行义务的过程中所产生的意见分歧或争议。采购合同一旦发生纠纷,当事人首先应及时协商解决,双方要本着相互谅解、实事求是的原则,寻求都能接受的自我解决办法。如果双方当事人隶属于同一个主管部门,也可请求上级主管部门调解解决。如果通过协商调解不能解决争议或者当事人不愿意通过协商、调解解决,那么当事人任何一方均可按照书面的仲裁协议,向有管辖权的仲裁机构申请仲裁;没有书面仲裁协议的,则可以向有管辖权的人民法院起诉。

(一) 区分责任

当采购合同履行过程中,采购商品未能按合同要求送达买方时,首先应分清是属于供方责任还是运输方责任,认清索赔对象。

1. 违反采购合同的责任

(1) 违反采购合同时,供方的责任

①商品的品种、规格、数量、质量和包装等不符合合同的规定,或未按合同规定日期交货,应偿付违约金、赔偿金。

②商品错发到货地点或接货单位(人),除按合同规定负责运到规定的到货地点或接货单位(人)外,还应承担因此而多支付的运杂费;如果造成逾期交货,应偿付逾期交货违约金。

(2)违反采购合同时,需方的责任
①中途退货应偿付违约金、赔偿金。
②未按合同规定日期付款或提货,应偿付违约金。
③错填或临时变更到货地点,承担由此多支出的费用。

2.违反货物运输合同的责任

当商品需要从供方所在地托运到需方收货地点时,如果未能按采购合同要求到货,应分清责任是属于货物承运方还是托运方。

(1)承运方的责任
①商品错运到货地点或接货人,应无偿运至合同规定的到货地点或接货人。如果货物运到逾期,偿付逾期交货的违约金。
②不按运输合同规定的时间和要求发运的,偿付托运方违约金。
③联运的商品发生灭失、短少、变质、污染、损坏,应由承运方承担赔偿责任的,由终点阶段的承运方按照规定赔偿,再由终点阶段的承运方向负有责任的其他承运方追偿。
④运输过程中商品的灭失、短少、变质、污染、损坏,按其实际损失(包括包装费、运杂费)赔偿。
⑤在符合法律和合同规定条件下的运输,由于下列原因造成商品灭失、短少、变质、污染、损坏的,承运方不承担违约责任:不可抗力如地震、洪水、风暴等自然灾害;商品本身的自然性质;商品的合理损耗;托运方或收货方本身的过错。

(2)托运方的责任
①由于在普通商品中夹带、匿报危险商品,错报笨重货物重量等导致商品摔损、爆炸、腐蚀等事故,承担赔偿责任。
②未按运输合同规定的时间和要求提供运输,偿付承运方违约金。
③罐车发运的商品,因未随车附带规格质量证明或化验报告,造成收货方无法卸货时,托运方需偿付承运方卸车等费用及违约金。

3.已投财产保险时,保险方的责任

对于保险事故造成的损失和费用,保险方在保险金额的范围内承担赔偿责任。被保险方为了避免或减少保险责任范围内的损失而进行的施救、保护、整理、诉讼等所支出的合理费用,依据保险合同规定偿付。

(二)解决纠纷

采购合同的纠纷是由于违约责任引起的,即违反采购合同的责任。违约责任是指当事人一方不履行合同义务或者履行合同义务不符合约定,应当承担继续履行、采取补救措施,或者赔偿损失等违约责任。

违约责任必须是由于当事人的过错,致使合同规定的义务不能履行或不能完全履行,违约方应承担的以民事责任为主的违约责任。主要有以下四种行为:当事人有不履行合同义务的行为、当事人有过错、当事人的违约行为给对方造成损失、守约方的损失与违约方的行为有因果关系。

违约责任的形式有以下三种:

(1)买方未向卖方支付价款。在这种情况下,卖方可以要求买方支付价款,继续履行合同,还可以同时要求买方支付逾期利息或双方约定的违约金。

(2)继续履行合同。《合同法》规定:当事人一方不履行非金钱债务或履行非金钱债务不符合约定的,对方当事人可以要求继续履行合同。如采购合同卖方未交付原材料、机器设备等,就属于不履行非金钱债务。此时,买受人应当在合同期限内提出继续履行合同的要求。

(3)对标的物的修理、更换、重作、退货和减价。如果采购合同的出卖方提供的标的物不符合双方约定的质量要求,则是违约行为。此时采购方根据标的物的性质及损失大小,合理选择要求对方承担修理、更换、重作、退货、减少价款等违约责任。

前三者是对标的物的补正,如果补正仍能实现合同的目的,并且对采购方没有什么损失,那么就应采取补正措施。如果不经补正采购方能够勉强使用且同意使用,可以减价。如果标的物的补正和减价对于采购方都无意义,那么买受人可以要求退货,采购方在选择标的物的处理方法时,应切实做到公平合理。

出卖方由于标的物的质量不符给采购方造成损失的,且采取修理、更换、重做、退货和减价仍不能弥补全部损失的,对于不能弥补的部分,采购方有权要求赔偿损失。

解决采购合同纠纷的方法有和解、调解、仲裁、诉讼四种方法。采购合同当事人应在合同当中约定解决合同纠纷所采用的方法。我国的经济仲裁制度,实行仲裁条款或仲裁协议的原则,当事人在合同中约定仲裁条款或者在纠纷发生后达成仲裁协议,是仲裁机构受理合同纠纷的法律依据。因此,如果当事人要采用仲裁方法解决合同纠纷,必须在采购合同中明确约定或事后达成仲裁协议。

(三)采购损失的索赔

当当事人一方违约,在继续履行合同或者采取补救措施后,仍然给对方造成其他损失的,应当赔偿损失。这种损失一般是指给对方当事人造成的财产损失,包括实际损失和利益损失两种。实际损失是现有财产的灭失、损害和费用支出,是一种现存的财产损失。而可得利益损失是致使对方当事人丧失了合同履行后可以获得的利益,这种利益是当事人签订合同时预期获得的。

《合同法》规定:受害方要求的损失赔偿额,不得超过违反合同一方订立合同时预见或应当预见的因违反合同可能造成的损失。也就是说赔偿的损失是合理预见到的损失,而不是没有限度的。

当事人在订立合同时,可以预先约定一方违约时向对方支付损失赔偿额的计算方法。这样规定,有利于理赔和执法机关对损失赔偿额的确定,也有利于促使当事人认真履行合同。

约定违约金低于实际造成的损失,当事人可以请求人民法院或者仲裁机构予以增加,而约定违约金高于造成的损失时,当事人可以请求人民法院或者仲裁机构予以适当减少。同时支付违约金并不当然免除继续履行的义务,守约方要求继续履行合同的,只要违约方有继续履约的能力,必须继续履行。

另外,如果当事人在合同中既约定违约金,又约定定金的,一方违约时,对方可以选择适用违约金或者定金条款。具体说当事人只能适用违约金和定金条款中的一种作为违约责任的承担方式,而不能将两者同时并用。

(四)索赔和理赔应注意的问题

发生合同争议后,首先分清责任,索赔一般有三种情况:买卖双方间的贸易索赔、向保险人的保险索赔、向承运人的运输索赔。

索赔和理赔既是一项维护当事人权益和信誉的重要工作,又是一项涉及面广、业务技术性强的细致工作。因此,提出索赔和处理理赔时,必须注意以下三个方面的问题。

1.索赔的依据

提出索赔时,必须出具因对方违约而造成需方损失的证据(保险索赔另外规定),当争议条款为商品的质量条款或数量条款时,该证明要与合同中检验条款相一致,同时出示检验的出证机构。如果提出索赔时证据不全、不足或不清,以及出证机构不符合规定,都可能遭到对方的拒赔。

2.索赔的期限

索赔的期限是指争取索赔一方向违约一方提出索赔要求的期限。关于索赔期限,合同法有规定的必须依法执行,没有规定的,应根据不同商品的具体情况做出不同的规定。如果逾期提出索赔,对方可以不予理赔。一般农产品、食品等索赔期限短一些,对于一般商品索赔期限长一些,机器设备的索赔期限则更长。

3.索赔额及赔偿办法

通常在合同中只做一般笼统的规定,而不做具体规定,个别情况除外。因为违约的情况较为复杂,当事人在订立合同时往往难以预计。有关当事人双方应根据合同规定和违约事实,本着平等互利和实事求是的精神,合理确定损害赔偿的金额或其他处理的办法,如退货、换货、补货、整修、延期付款、延期交货等。

当商品因质量出现与合同规定不符造成采购方蒙受经济损失时,如果违约金能够补偿损失,不再另行支付赔偿金;如违约金不足以抵补损失,还应根据所蒙受经济损失的情况,支付赔偿金以补偿其差额部分。

通常情况下,在国际贸易中发生索赔时,根据《联合国国际货物销售合同》规定:一方当事人违反合同应付的损害赔偿额,应与另一方当事人因其违反合同而遭受的包括利润在内的损失额相等;如果合同被宣告无效,而在宣告无效后一段合理时间内,买方已以合理方式购买替代货物,或者卖方已以合理方式把货物转卖,则要求损害赔偿的一方可以取得合同价格和替代货物交易价格之间的差额。

项目四 供应商管理

知识目标

1. 了解供应商的不同分类；
2. 掌握供应商关系管理的内涵；
3. 熟悉供应商选择标准；
4. 了解供应商选择流程及方法；
5. 熟悉供应商绩效评价指标。

技能目标

1. 能够编制供应商选择评分表；
2. 能够选取合适的方法开发供应商；
3. 能够制定供应商绩效评价方案；
4. 能够选择合适的供应商激励方式。

任务一 供应商关系管理

连锁企业在采购过程中要想有效地实施采购策略，充分发挥供应商的作用就显得十分重要。采购策略的一个重要方面就是要搞好供应商的关系管理，逐步建立起与供应商的合作伙伴关系。好的供应商关系除了可以得到更稳定的质量、数量保证、商品交付外，还可以得到供应商的支持和帮助，有助于提升连锁企业的竞争优势。

学习任务

任务描述

在对供应商管理方面,你对采购经理的做法有不同看法。采购经理认为开展供应商管理,就是尽可能压低采购价格,但你认为供应商管理应该有更丰富的内涵。为改变采购经理的看法,你计划与其进行一次深入谈话。

任务要求

请结合某一具体商品中分类,向采购经理说明,开展供应商关系管理、建立共赢的合作关系,对公司而言获得的回报要远大于压低采购价格获得的回报。

任务分析

按照供应商品的重要程度、双方合作程度等方面,可以把供应商分为不同类型。对于不同类型的供应商,应采取不同的管理方式,不能简单地采取一种方式。通常情况下,在进行供应商关系管理时视具体因素,可以分别采取减少、扶持、开发等做法,以与优质供应商建立持久、稳定、双赢的合作关系。

相关知识

一、供应商的分类

供应商分类是对不同供应商进行针对性管理的基础,只有在合理分类的基础上,连锁企业才能够根据供应商的不同类别实施恰当的供应商管理策略,任何一个企业都不应该用同一模式去管理所有的采购物资和供应商。下面介绍几种不同的供应商分类方法。

(一) ABC 分类法

ABC 分类法是将采购企业的采购物资进行分类的方法,而不是针对供应商分类的,但是将采购物资分门别类自然就可以将提供这些物资的供应商相应地区别开来,相应地,采购精力分配也应有所侧重,针对不同重要程度的供应商采取不同的策略。ABC 分类法的思想源于 80/20 原则,大意是采购数量仅占20%的物资的采购价值常常占到80%,而剩余采购数量为80%的物资的采购价值却只有20%。80/20原则将供应商按照物资的重要程度划分为两类:重点供应商和普通供应商,即占80%价值的20%的供应商为重点供应商,而其余只占20%采购金额的80%的供应商为普通供应商。

对于重点供应商,应投入80%的时间和精力进行管理与改进。这些供应商提供的商品为企业的主力商品或重点经营商品。而对于普通供应商则只需投入20%的时间和精力就足够了。因为这类供应商所提供的物品的运作对企业的成本、营运的影响较小。当然,根据80/20原则细分的供应商种类并不是一成不变的,随着企业生产结构和产品线的调整,企业要适时地重新划分。

(二)按照合作关系分类

按照采供双方的合作关系由浅到深的次序,将供应商分为短期目标型、长期目标型、渗透型、联盟型和纵向集成型五类。

1. 短期目标型

短期目标型是指采购商和供应商之间是交易关系,即一般的买卖关系。双方的交易仅停留在短期的交易合同上。双方最关心的是如何谈判、如何提高自己的谈判技巧和议价能力使自己在谈判中占据优势,而不是如何改善自己的工作而使双方都获利。供应商根据合同上的交易要求提供标准化的产品或服务,保证每一笔交易的信誉。当交易完成之后,双方的关系也就终止了,双方的联系仅仅局限在采购方的采购人员和供应方的销售人员之间,其他部门的人员一般不会参加双方之间的业务活动,双方也很少有业务活动。

2. 长期目标型

长期目标型是指采购方与供应商保持长期的关系,双方可能为了共同的利益对改进各自的工作感兴趣,并以此为基础建立起超越买卖关系的合作。长期目标型的特点是建立了一种合作伙伴关系,双方工作的重点是从长远利益出发,相互配合,不断改进产品质量与服务质量,共同降低成本,提高共同的竞争力。合作的范围遍及各公司内部的多个部门。例如,采购方对供应商提出新的技术要求,而供应商目前还没有能力实现,在这种情况下,采购方可能会对供应商提供技术上和资金上的支持。当然,供应商的技术创新也会给采购方的产品改进提供契机,采购方向供应商提供支持的原因也在于此。

3. 渗透型

渗透型供应商关系是在长期目标型基础上发展起来的,其指导思想是把对方公司看成自己公司的一部分,对对方的关心程度较之上面两种都大大提高了。为了能够参与对方的活动,采购企业甚至会在产权上采取一些恰当的措施,如相互投资、参股等,以保证双方利益的共享与一致性。同时,在组织上也应采取相应的措施,保证双方派员加入到对方的有关业务当中去。这样做的好处是可以更好地了解对方的情况,供应商可以了解自己的产品在采购方企业中起到了什么作用,便于发现改进的方向;而采购方也可以了解供应商是怎样制造那些物资的,从而提出可行的改进意见。

4.联盟型

联盟型供应商关系是从供应链角度提出的,其特征是在更长的纵向链条上管理成员之间的关系,双方维持关系的难度更高了,要求也更严格。联盟成员的增加往往需要一个处于供应链上核心位置的企业出面协调各成员之间的关系,它常被称为供应链上的核心企业。

5.纵向集成型

纵向集成型供应商是最复杂的关系类型,即把供应链上的成员企业整合起来,像一个企业一样。成员企业仍然是完全独立的企业,决策权属于自己。在这种关系下,每个企业都要充分了解供应链的目标、要求,在充分掌握信息的条件下,自觉地作出有利于供应链整体利益而不是企业的个体利益的决策。

(三)供应商关系谱

供应商关系谱是将供应商分为不可接受的供应商、可接受的潜在供应商及 5 级不同层次的已配套的供应商,如表 4-1 所示:

表 4-1   5 级不同层次的已配套供应商

	层次	类型	特征
供应商关系	5	自我发展型的伙伴供应商	优化协作
	4	共担风险的供应商	强化合作
	3	运作相互联系的供应商	公开、信赖
	2	需持续接触的供应商	竞争
	1	已认可的、触手可及的供应商	现货买进方式

第一层次的供应商为触手可及的关系,因采购价值低,它们对采购企业显得不很重要,因而无需与供应商或供应市场靠得太紧密,只要供应商能提供合理的交易即可。处理这类供应商的关系可采取现货买进方式。

第二层次的供应商要求企业对供应市场要有一定的把握,如了解价格发展趋势等。采购的主要着力点是对供应市场保持持续接触,在市场竞争中买到价格最低的商品。

第三层次的供应关系必须做到双方运作的相互联系，其特征是公开、互相信赖。一旦这类供应商选定，双方就以坦诚的态度在合作过程中改进供应、降低成本。通常这类供应商提供的零部件对本单位来说属于战略品，但供应商并不是唯一的，本单位有替代的供应商。这类供应商可以考虑长期合作。

第四层次供应商的关系就成为一种共担风险的长期合作关系，其重要的特征是双方都力求强化合作，通过合同等方式将长期关系固定下来。

第五层次是互相配合形成的自我发展型的伙伴供应商关系。这种关系意味着双方有共同的目标，必须协同作战，其特征是为了长期的合作，双方要不断地优化协作，最具代表性的活动就是供应商主动参与到采购方的新产品、新项目的开发业务中来，而采购企业亦依赖供应商在其产品领域内的优势来提高自己产品开发的竞争力。

二、供应商资料管理

供应商资料管理工作是一项繁杂、细致的工作。供应商关系管理档案是反映连锁企业采购活动的真实记录，它记载着供应商诚实信用的情况。完整、妥善地保存供应商关系管理档案，能够为企业采购的统计分析、总结经验教训、降低企业采购成本、节约费用支出、接受监督检查、处理企业采购纠纷等工作提供客观真实的依据。

供应商资料管理应做好以下几方面的工作：

1. 重视供应商资料的收集

内容完整、准确、真实的供应商资料是连锁企业的重要资源。因此，供应商资料形成部门应明确职责，重视积累，任务落实到人，在每项采购活动期间，要严格按照要求收集供应商资料及相关的活动记录。做到采购活动在哪里，供应商资料的收集就跟踪到哪里，切实做好供应商资料的原始收集工作。如果收集到的供应商资料不全、不真、不实，就可能会影响到采购工作的质量。

2. 规范供应商档案的立卷

对收集来的供应商资料立卷、整理过程要按有关规定执行，同时要进行条理化的分类、整理、排列、编目，使供应商档案由零乱到系统，便于管理和利用。保管工作中，要消除各种可能损坏供应商档案的不利因素，最大限度地延长档案载体寿命，维护供应商档案的系统性和完整性，以发挥供应商档案的作用。

3. 严格供应商档案管理

做好供应商关系档案管理工作，必须使供应商关系档案管理制度化。在实际工作中，可按照现行的档案管理制度和行业管理要求执行。

三、建立双赢的供应商关系

双赢关系已经成为供应链企业之间合作的典范。要在采购管理中体现供应链的思想，对供应商的管理就应集中在如何和供应商建立双赢关系以及维护和保持双赢关系上。具体要做到如下几点：

1. 充分的信息交流与共享机制

信息交流有助于增加互信，减少双方的机会主义行为，有助于促进商品流通的稳定和高效。为加强供应商与连锁企业的信息交流，通常从以下五个方面进行考虑。

（1）交流与沟通。供应商与超市共享其有关作业计划、成本、质量控制信息，并与连锁企业进行交流与沟通，使连锁企业明确商品的生产（或库存）情况以及成本构成；而连锁企业应实时地与供应商共享其销售数据、库存数据和顾客服务信息，让供应商适时掌握商品流通情况。

（2）实施并行工程。供应商应该让连锁企业参与到产品开发设计阶段中来，这样连锁企业可以提供顾客需求信息和市场发展趋势信息，有助于供应商把用户的需求及时地转化为对产品功能、质量、包装等的要求。同样，连锁企业在进行新品引进、促销、陈列等工作时，也应邀请供应商参与，以获取供应商的专业性建议。

（3）建立联合的任务小组解决共同关心的问题。在供应商与连锁企业之间应建立一种基于团队的工作小组，双方的有关人员共同解决供应过程以及制造过程中遇到的各种问题。

（4）供应商和连锁企业经常互访。供应商与连锁企业采购及相关部门应经常性地互访，及时发现和解决各自在合作活动过程中出现的问题和困难，建立良好的合作气氛。

（5）数据交换与传输。使用互联网技术和电子数据交换（EDI）进行快速的数据传输。

2. 合理的供应商评价方法和手段

没有合理的评价方法，就不可能对供应商的合作效果进行评价，将大大削弱供应商的合作积极性和合作的稳定性。对供应商的评价要抓住主要指标或问题，如交货质量是否改善了，交货的准时率是否提高了，提前期是否缩短了等。通过评价，把结果反馈给供应商，和供应商共同探讨问题产生的根源，并采取相应的措施予以改进。

3. 有效的供应商激励控制机制

有效的激励控制机制对于保持长期的双赢关系而言非常重要,没有有效的激励机制,就不可能维持良好的供应关系。对供应商的激励与控制应当注重以下几个方面。

(1)逐渐建立起一种稳定可靠的关系。连锁企业应当和供应商签订一个较长时间的业务合同,如1~3年。时间不宜太短,因为时间太短让供应商不完全放心,不可能全心全意为搞好企业的商品供应工作而倾注全力。只有合同时间长,供应商才会感到放心、才会倾注全力与连锁企业合作,做好商品供应工作。特别是当业务量大时,供应商会把连锁企业看作是它自己生存和发展的依靠和希望,这就会更加激励它努力与企业合作,共同发展,休戚与共。

(2)有意识地引入竞争机制。有意识地在供应商之间引入竞争机制,促使供应商之间在产品质量、服务质量和价格水平方面不断优化而努力。例如,在几个供应量比较大的品种中,每个品种可以实行AB角制或ABC角制。所谓AB角制,就是一个品种设两个供应商,一个A角,作为主供应商,承担50%~80%的供应量,一个B角,作为副供应商,承担20%~50%的供应量。在运行过程中,对供应商的运作过程进行结构评分,一个季度或半年一次评比,如果主供应商的月平均分数比副供应商的月平均分数低10%以上,就可以把主供应商降级成副供应商,同时把副供应商升级成主供应商。ABC角制则实行三个角色的制度,原理与AB角制一样,同样也是一种激励和控制的方式。

(3)与供应商建立相互信任的关系。与供应商建立信任关系包括很多方面。如不定期地开一些企业管理者的碰头会,交换意见,研究问题,协调工作,甚至开展一些互助合作;或对信誉高的供应商的产品进行有针对性的免检,显示出连锁企业对供应商的高度信任。特别对涉及利益等有关问题,一定要公正公开,进行充分沟通。树立"双赢"的指导思想,一定要兼顾供应商的利益,尽可能让供应商有利可图。只有这样,双方才能真正建立起比较协调可靠的信任关系。

(4)建立相应的监督控制措施。在建立起信任关系的基础上,也要建立起比较得力的、相应的监督控制措施。特别是一旦供应商出现了一些问题,或者一些可能发生问题的苗头之后,一定要建立起相应的监督控制措施。根据情况的不同,可以分别采取不同的措施。

对一些非常重要的供应商,或是当问题比较严重时,可以向供应商单位派常驻代表。常驻代表的作用,就是技术指导、沟通信息、监督检查等。常驻代表应当深入到生产线各个工序、各个管理环节,帮助发现问题,提出改进措施,确实保证把有关问题彻底解决。

对于那些不太重要的供应商,或者问题不那么严重的单位,则视情况分别采用定期或不定期到工厂进行监督检查,或者要求供应商自己报告生产条件情况、提供产品的检验记录,用让大家进行分析评议等办法实行监督控制;或者设监督点对关键工序或特殊工序进行监督检查。

拓展知识

供应商激励方式

连锁企业对供应商的激励方式包括精神激励和物质激励两大类,通常情况下是以物质激励为主,精神激励为辅。

• 精神激励:精神激励是指在公开场合(如供应商活动日、供应商大会等),对业绩优秀的供应商颁发奖旗、奖牌或奖杯,提升供应商美誉度。

• 物质激励:供应商欢迎精神激励,但更喜欢物质激励。物质激励的方法主要有:

(1)提高采购份额:这是最直接的物质激励,通过增加供应商采购量,提高其获利能力。

(2)延长合作期限:与供应商签订更长期限的采购合同,增强供应商业务的稳定性,降低其经营风险。

(3)扩大供应商品类别:增加供应商供应的品项数,可以提升供应商销售总体情况,并可以降低供应商送货成本。

(4)推行产品免检:针对供应品质稳定的供应商,可以推行免检,这样会提高其送货效率,降低检验成本。

(5)缩短结算周期:结算周期的缩短,意味着供应商的资金周转速度加快,会减轻供应商的资金压力。

(6)纳入培训与改善计划:把优质供应商纳入连锁企业的培训和改善计划,对供应商进行培训,提高其经营管理水平,扶持供应商长期发展。

任务二　供应商选择

供应商管理是连锁企业采购活动的重要内容,因为连锁企业为顾客提供丰富产品的前提,就是供应商的供货。面对市场上数量众多的供应商,连锁企业必须根据自身情况,建立规范的供应商选择标准和选择流程,科学开展选择工作,确定合适的供应商,以获得稳定可靠的商品和利润来源,提升市场竞争力。

学习任务

任务描述

A连锁超市在高校区内开设一家社区超市,你负责开发该门店饮品类商品供应商,由于受采购规模等因素影响,你只能从本区域饮品经销商中选择几家作为供应商。

任务要求

请设计一份饮品类供应商评分表,然后选取几家供应商进行模拟打分。供应商评分表基本格式如下:

主因素	子因素	供应商甲			供应商乙		
		打分	权重	得分	打分	权重	得分

注:该表格可视所考虑因素情况进行增加或缩减。

任务分析

开展供应商选择工作时,首先要明确供应商选择原则,然后根据该原则制定一个统一、规范的评价标准,其具体体现就是供应商评分表;接下来就是邀请相关人员组成评价小组,进行信息搜集、分析及评估工作。

相关知识

一、供应商的选择标准

根据与供应商合作的时间长短,供应商的选择标准分为短期标准和长期标准。对于这两种标准,要分别考虑不同因素。

1. 短期标准

选择供应商的短期标准,要考虑的因素一般包括:商品质量、价格水平、交易费用、交付及时情况以及整体服务水平。采购部门可以通过市场调查获得有关供应商的资料,把获得的信息编制成一览表,并从这几个方面进行比较,依据比较结论做出正确决策。

(1)质量因素

商品质量因素应是采购部门进行商品采购时首要考虑的因素。作为采购部门要选择合格质量的商品,即采购物品的质量要合乎采购单位的要求,这也是连锁企业开展正常经营活动的必要条件。质量次、价格偏低的商品,虽然采购成本低,但由于质量不合格,满足不了消费者的需求,反而会影响连锁企业的销售业绩和企业形象。

(2)成本因素

对供应商的报价单进行成本分析,是有效甄选供应商的方式之一。但是价格最低的供应商不一定就是最合适的,因为如果在产品质量、交货时间上达不到要求,或者由于地理位置过远而使运输费用增加,都会使总成本增加,因此总成本最低才是选择供应商时考虑的主要因素。总成本一般包括下列几项:①开发成本,即寻求、查访、评选供应商的支出,包括订单处理的费用。②采购价格,即与供应商谈判后购入的成本。③运输成本。④检验成本,即进货检验所需支付的检验人员的工资以及检验仪器或工具的折旧费用。

(3)交货准时性因素

供应商能否按约定的交货期限和交货条件组织供货,直接影响超市经营活动的连续性,因此,交货时间也是选择供应商时所要考虑的因素之一。连锁企业在考虑交货时间时,一方面要降低商品的库存数量,另一方面又要降低缺货脱销的风险。影响供应商交货时间的因素主要有:①供应商从取得原料、加工到包装所需的生产周期。②供应商生产计划的规划与弹性。③供应商的库存准备。④所采购原料或零部件在生产过程中所需要的供应商数目。⑤运输条件及能力。供应商交货的及时性一般用合同完成率或委托任务完成率来表示。

(4)整体服务水平因素

供应商的整体服务水平是指供应商内部各作业环节能够配合购买者的能力与态度,如各种技术服务项目、方便订购的措施、为订购者节约费用的措施等。

此外还应考虑供应商履约能力、快速响应能力、市场开发推广能力等因素。

2.长期标准

选择供应商的长期标准主要在于评估供应商是否能保证长期而稳定的供应,其生产能力是否能配合连锁企业的成长而相对扩展,以及是否具有长期合作的意愿等。选择长期供应商的标准应包括以下几点。

(1)供应商财务状况

这是评价供应商长期供货能力的重要指标,它直接反映供应商交货能力和履约能力。如果供应商财务出现危机,资金周转不灵,会造成供应商货源不足,出现缺货断档的经营危机,这会直接影响到连锁企业销售经营,因此采购商必须予以重视,可通过考核供应商一段时间的经营业绩,了解其资产和负债情况以及成本费用情况。

(2)供应商管理体制

供应商内部组织与管理关系到日后供应商供货效率和服务质量。如果供应商组织机构设置混乱,采购的效率与质量就会因此下降,甚至会由于供应商部门之间的互相扯皮而导致供应活动不能及时地、高质量地完成。另外,供应商的高层主管是否将采购单位视为主要客户也是影响供应质量的一个因素。如果供应商的高层没有将买主视为主要客户,在面临一些突发状况时,便无法取得优先处理的机会。

除此之外,还可以从供应商机器设备的新旧程度及保养状况看出管理者对生产工具、产品质量的重视程度以及内部管理的好坏。另外,可以参考供应商同业之间的评价及在所属产业的地位。对客户满意程度的认知、对工厂的管理、对原材料来源的掌握、对生产流程的控制,也是评估供应商内部管理时的重要指标。

(3)供应商员工结构及素质

供应商员工的结构也是反映企业管理中是否存在问题的一个重要指标。如若员工平均年龄偏高,表明供应商员工的流动率较低,或供应商无法吸收新员工的加入,从而缺乏新观念、新技术的引进。另外,供应商员工的工作态度及受培训的水平会直接影响到产出的效率,这些都是可以在现场参观时观察到的。

企业的人员素质代表其产品的形象和质量保证的完善程度,连锁企业采购部门在采购订货的过程中,供应商业务人员精通营销业务,对产品的质量状况和技术条件有全面的了解,对产品的缺陷和预期不合格能坦诚公开向采购商说明,则表明它在商业信誉方面可信性强,能提供较好的售后服务。相反,如果供应商在采购过程中只关注货款细节,对质量轻描淡写,刻意回避产品质量,应对其产品高度重视。

拓展知识

供应商选择的七因素理论

供应商的开发与选择需要进行多因素比较,从供应商管理发展过程看,大致分为三因素理论、六因素理论和七因素理论。

三因素指质量、价格、交货期;六因素指质量、价格、交货期、创新、技术、服务;七因素指质量、价格、交货期、创新、技术、服务、社会责任。

上述各因素的常用衡量指标有:

质量:来料检验合格率、让步接收(特采)率、拒收率、质量改善等;

价格:价格下降比率、运输方式、库存方式等;

交货期:准时交货率、交货周期、短缺等;

创新:管理系统的数量与效率、信息系统的发展阶段等;

技术:技术储备与升级、技术人才数量与结构、技术支持等;

服务:反应速度、预警通知(短缺或延迟)、增值服务等;

社会责任:社会责任体系、员工加班率、员工流失率、员工满意度等。

根据上述指标,可以设计如下的供应商选择模板。

主因素	子因素	打分	权重	得分
质量	来料检验合格率			
	让步接收（特采）率			
	拒收率			
	质量改善			
价格	价格下降比率			
	运输方式			
	库存方式			
交货	准时交货率			
	交货周期			
	短缺			
创新	管理系统			
	信息系统			
技术	技术储备			
	技术人才			
	技术支持			
服务	反应速度			
	预警通知			
	增值服务			
社会责任	社会责任体系			
	员工加班率			
	员工流失率			
总得分				

注：1.根据供应商类型、规模不同，可以选择上述指标的全部或部分指标进行打分。
2.不同类型供应商权重体系因素有所差别。

二、供应商选择的一般步骤

供应商选择是连锁经营企业的一项重要决策，一个好的供应商是指拥有制造高质量产品的加工技术,拥有足够的生产能力,以及能够在获得利润的同时提供有竞争力的商品。同一商品在市场上的供应商数目很多,供应商的多样性使得选择变得越来越复杂,需要一个规范的程序来操作。供应商的选择可以归纳为以下几个步骤。

1. 成立供应商评选小组

供应商选择并不是采购员一个人的事,而是一项集体的决策。连锁企业必须建立一个由连锁企业各部门有关人员组成的小组来控制和实施供应商的评价与选择。组员以来自采购、质量、生产、工程、财务等与供应链采购合作关系密切的部门为主,组员必须有团队合作精神、具有一定的专业技能。评选小组必须同时得到制造商企业和供应商企业最高领导层的支持。

2. 分析市场竞争环境

主要分析市场需求情况和必要性。供应商的选择基于信任、合作、开放性交流的供应链采购长期合作关系,必须首先分析市场竞争环境。目的在于找到针对哪些产品市场开发供应链采购合作关系才有效,必须知道现在的产品需求是什么,产品的类型和特征是什么,以确认用户的需求,确认是否有建立供应链采购合作关系的必要,如果已建立供应链采购合作关系,则根据需求的变化确认供应链采购合作关系变化的必要性,从而确认供应商选择的必要性。同时分析现有供应商的现状,分析、总结企业存在的问题。

3. 建立供应商选择目标

企业必须确定供应商评价选择程序,信息的流通渠道以及责任,而且必须建立实质性、实际的目标,其中产品质量、降低成本是主要目标之一。供应商评价、选择不仅仅是一个简单的评价、选择过程,它本身也是连锁企业与供应商之间的一次业务流程重构过程,实施得好,它本身就可带来一系列的利益。

4. 建立供应商评价选择标准

供应商评价选择的指标体系是连锁企业对供应商进行选择的依据和标准,是反映连锁企业本身和环境所构成的复杂系统不同属性的指标,是按隶属关系、层次结构有序组成的集合。根据系统全面性、简明科学性、稳定可比性、灵活可操作性的原则,建立供应商的评价指标体系。不同行业、企业、产品需求,不同环境下的供应商评价应是不一样的,但不外乎都涉及供应商的业绩、设备管理、人力资源开发、质量控制、价格、成本控制、技术开发、用户满意度、交货协议等可能影响供应链合作关系的方面。

5. 与供应商联系

一旦企业决定实施供应商评价,评价小组必须与初步选定的供应商取得联系,以确认他们是否愿意与企业建立长期采购合作关系,是否有获得更高业绩水平的愿望。企业应尽可能早地让供应商参与到评价的设计过程中来。

6.逐项评估供应商并选择供应商

为了保证评估的可靠,应该对供应商进行调查。主要考察供应商的制造系统、人员素质、设备配置水平、生产能力、财务状况以及供应商的历史背景和发展前景。在收集到有关供应商的这些信息的基础上,就可以利用一定的工具和技术方法进行供应商的评价,并可根据供应商的评价结果,采用一定的技术方法来选择合适的。如果选择成功,则可开始与供应商实施供应链采购合作关系。

7.建立采购合作关系

在实施供应链采购合作关系的过程中,市场需求将不断变化,可以根据实际情况的需要及时修改供应商评价标准,或重新开始供应商评价选择。在重新选择供应商的时候,应给予旧供应商以足够的时间适应变化。

三、供应商选择的方法

选择供应商的方法很多,常用的方法有三种:考核选择法、招标选择法和协商选择法。不同的方法适合的环境和条件都有所不同,连锁经营企业可以根据自己的实际情况运用恰当的方法选择符合自己要求的供应商。

(一)考核选择

在对供应商充分调查了解的基础上,再经过认真考核、分析比较后选择供应商的方法称为考核选择法。考核选择法主要有以下步骤:

1.初步了解供应商

企业通过适当的渠道、采用适当的方法,了解有关供应商的信息。范围是可能提供相关产品的供应商全体,了解的内容包括产品的品种规格、质量价格水平、生产能力、品质控制能力、管理规范制度、地理位置、运输条件等,然后根据这些基本条件进行选择,符合这些条件的供应商作为初步调查的对象。

2.深入调查供应商

深入调查供应商对象的选择,一是根据 ABC 分类确定自己产品的重要程度,二是根据供应商企业的生产能力水平的实际情况。对于关键产品、重要产品,要认真地选择供应商。要对这些产品的供应商进行深入研究、考察、考核,选择真正能够满足本企业要求的供应商。对于那些不太重要的产品,可以不需要进行深入调查。

3.考察初选供应商

初步确定的供应商还要进入试运行阶段进行考察。试运行阶段的考察更实际、更全面、更严格。因为这是直接面对实际的生产运作。在运作过程中,就要进行所有各个评价指标的考核评估,包括产品质量合格率、准时交货率、准时交货量率、交货差错率、交货破损率、价格水平、进货费用水平、信用度、配合度等的考核和评估。在单项考核评估的基础上,还要进行综合评估。

4.选择并激励供应商

通过试运行阶段,得出各个供应商的综合评估成绩,基本上就可以最后确定哪些供应商可以入选,哪些供应商被淘汰,哪些应列入候补名单。候补名单中的成员可以根据情况处理,可以入选,也可以落选。为了激励供应商更好地供货,可以引入供应商之间的竞争机制。如对某类商品的供应,可以选择2个或3个供应商,称作甲乙或甲乙丙。甲作为主供应商,分配较大的供应量;乙(或再加上丙)作为副供应商,分配较小的供应量。综合成绩为优的供应商担任甲,候补供应商担任乙。在运行一段时间以后,如果甲的表现有所退步而乙的表现有所进步的话,则可以把乙提升为甲,而把原来的甲降为乙。这样无形中就造成了甲和乙之间的竞争,促使他们竞相改进产品和服务,使得采购企业获得更大的好处。

总之,考核选择供应商是一个时间较长的深入细致的工作。这个工作需要采购管理部门牵头负责、各个部门共同协调才能完成。当供应商选定之后,应当终止试运行期,签订正式的供应关系合同。进入正式运行期后,就开始了比较稳定正常的供需关系运作。

(二)招标选择

当采购物资数量大、供应市场竞争激烈时,可以采用招标方法来选择供应商。招标选择是采购企业采用招标的方式,吸引多个有实力的供应商来投标竞争,然后经过评标小组分析评比而选择最优供应商的方法。招标选择的主要工作:一是要准备一份合适的招标书;二是要建立一个合适的评标小组和评标规则;三是要组织好整个招标、投标活动。

超市选择供应商主要有两种招标形式:公开招标和邀请招标。公开招标周期长,采购成本高,而且参与投标的供应商数量不易掌握,因而在日常采购中,连锁零售企业较多采用邀请招标。邀请招标可以降低采购成本,提高工作效率。但此种方法选择范围较窄,且需要大量的供应商信息作支撑,因而在邀请招标中,特别是在供应商选择方面还存在着不少困难。

(三)协商选择

协商选择方法适用于潜在供应商较多、采购者难以抉择时,即由采购单位选出供应条件较为有利的几个供应商,同他们分别进行协商,再确定合适的供应商。与招标方法比较,协商选择方法因双方能充分协商,在商品质量、交货日期和售后服务等方面较有保证;但由于选择范围有限,不一定能得到最便宜、供应条件最有利的供应商。当采购时间紧迫、投标单位少、供应商竞争不激烈、订购物资规格和技术条件比较复杂时,协商选择方法比招标方法更为合适。

任务三 供应商绩效评估

供应商考评是连锁企业对现有的供应商的日常表现进行定期监控和考核。传统上,连锁企业也一直在进行供应商的考评工作,但是通常都只是对几个重要指标进行检查,缺乏规范、系统的做法。同时,对供应商进行绩效评估的目的在于改善其绩效,因此应根据绩效评估情况采取针对性措施,提升供应商整体水平。

学习任务

任务描述

临近年末,采购经理要求你指定一份供应商绩效评估方案,对本年度的所有饮品类供应商进行绩效评估,以便确定供应商需改进内容和需淘汰的供应商名单。

任务要求

制定供应商绩效评估方案,主要确定评估指标体系和选取合适的评估方法。因此,可以把评估方案分解为:
1. 供应商绩效评估指标
2. 供应商绩效评估方法

任务分析

确定供应商绩效评估指标时,应尽可能涵盖影响供应质量的因素,既包括商品供应质量、供应及时程度,又包括供应商对公司的配合程度。同时,还应结合公司供应商关系策略和饮品类商品特点选取指标。

确定供应商绩效评估方法时,应以定量评价为主,定性评价为辅。

相关知识

一、供应商绩效评估目的

对供应商进行绩效评估的目的在于了解供应商的表现,促进供应商提升供应水平,并为供应商奖惩提供依据。连锁企业采购部门必须牢记,供应商考评的目的在于提升供应商的绩效,保证企业供应稳定,因此必须把考评结果通知给供应商,督促他们进行改进。

对供应商进行绩效评估时,应遵循的一个原则是:怎么选择供应商,就应该怎么评估供应商。也就是说,供应商选择的标准或模板同样适用于供应商的评估。

二、供应商绩效评估指标

供应商的考评指标虽然很多,但可以归纳为四大类:供应商质量考评指标、供应商供应考评指标、供应商经济指标以及供应商支持与服务考评指标。

1.质量指标

质量是用来衡量供应商的最基本的指标。每一采购方在这方面都有自己的标准,要求供应商遵从。供应商质量指标主要包括来货批次合格率、来货抽检缺陷率、来货在线报废率、供应商来货免检率等。

来货批次合格率=(合格的来货批次/来料总批次)×100%

来货抽检缺陷率=(抽检缺陷总数/抽检样品总数)×100%

来货在线报废率=(来货总报废数(含销售过程中发现的)/来货总数)×100%

来货免检率=(来货免检种类数/该供应商供应的产品总种类数)×100%

其中以来货批次合格率最为常用。此外,也有一些公司将供应商质量体系、供应商是否使用以及如何运用质量控制等也纳入考核。例如,如果供应商通过了ISO9000质量体系认证或供应商的质量体系审核达到某一水平则为其加分,否则不加分。还有一些公司要求供应商在提供产品的同时也要提供相应的质量文件,如过程质量检验报告、出货质量检验报告、产品成分性能测试报告等,并按照供应商提供信息完整、及时与否给予考评。

2.供应指标

供应商的供应指标又称企业指标,是同供应商的交货表现以及供应商企划管理水平相关的考核因素,其中最主要的是准时交货率、交货周期、订单变化接受率等。

(1)准时交货率

准时交货率=(按时按量交货的实际批次/订单确认的交货总批次)×100%

(2)交货周期

交货周期是指自订单开出之日到收货之时的时间长度,一般以天为单位来计算。

(3)订单变化接受率

订单变化接受率是衡量供应商对订单变化反应灵敏度的一个指标,是指在双方确认的交货周期中供应商可接受的订单增加或减少的比例。

订单变化接受率=(订单增加或减少的交货数量/订单原定的交货数量)×100%

值得注意的是,供应商能够接受的订单增加接受率与订单减少接受率往往并不相同。其原因在于前者取决于供应商生产能力的弹性、生产计划安排与反应快慢、库存大小与状态(原材料、半成品或成品)等,而后者则主要取决于供应商的反应、库存(包括原材料与在制品)大小以及因减少订单带来可能损失的承受力。

此外,有些公司还将本公司必须保持的供应商供应的原材料或零部件的最低库存量、供应商的企划体系水平、供应商所采用的信息系统,如物料需求计划(MRP、MRPⅡ)或企业资源计划(ERP)以及供应商是否同意实施"准时化采购"(JIT)等也纳入考核。

3.经济指标

采购价格与成本是供应商考核的主要经济指标。同质量与供应指标不同的是,质量与供应考核按月进行,而经济指标则常常按季度考核。另一个与质量和供应指标不同的是经济指标往往都是定性的,难以量化,而前两者则是量化的指标。下面是经济指标的几个具体考核点。

(1)报价行为

主要包括报价是否及时,报价单是否客观、具体、透明(分解成原材料费用、人工费用、包装费用、运输费用、税金、利润以及相对应的交货与付款条件)。

(2)价格水平

企业可以将自己的采购价格同本公司所掌握的市场行情比较,也可以根据供应商的实际成本结构及利润率等进行主观判断。

(3)降低成本的态度与行动

供应商是否自觉自愿地配合本公司或主动地开展降低成本活动,制定成本改进计划、实施改进行动,是否定期与本公司审查价格等。

(4)分享降价成果

供应商是否将降低成本的利益与众人(如本公司)分享。

(5)付款

供应商是否积极配合、响应本公司提出的付款条件、付款要求,符合有关财税要求以及供应商开出付款发票是否准确、及时。

有些单位还将供应商的财务管理水平与手段、财务状况以及对整体成本的认识也纳入考核范围。

4.服务指标

同经济类指标一样,考核供应商在服务方面的表现通常也都是定性的考核,通常情况下可以每个季度一次。考核的内容主要有反应与沟通、合作态度、参与本公司的改进与开发项目、售后服务等。

(1)投诉灵敏度

供应商对订单、交货、质量投诉等反应是否及时、迅速,答复是否完整,对退货、挑选等要求是否及时处理。

(2)沟通

供应商是否派出合适的人员与本公司定期进行沟通,沟通手段是否符合本公司的要求(电话、传真、电子邮件以及文件书写所用软件与本公司的配备程度等)。

(3)合作态度

供应商是否将本公司看成是重要客户,是否经常走访本公司,供应商高层领导或关键人物是否重视本公司的要求,供应商内部沟通协作(如市场、生产、计划、工程、质量等部门)是否能整体理解并满足本公司的要求。

(4)共同改进

供应商是否积极参与或主动提出与本公司相关的质量、供应、成本等改进项目或活动,是否积极组织参与本公司共同召开的供应商改进会议、配合本公司开展的质量体系审核,是否经常采用新的管理做法等。

(5)参与开发

供应商是否主动参与本公司的各种相关开发项目,在参与本公司的产品或业务开发过程中表现如何。

(6)售后服务

供应商是否主动征询顾客意见,是否主动走访本公司,是否主动解决或预防问题发生,是否及时安排技术人员对发生的问题进行处理。

(7)其他支持

供应商是否积极接纳本公司提出的有关参观、访问、实地调查等事宜,是否积极提供本公司要求的新产品报价与送样,是否妥善保存与本公司相关的机密文件等以免泄露,是否保证不与影响到本公司切身利益的相关公司或单位进行合作等。

三、供应商绩效评估方法

供应商绩效评估的方法可以分为两种类型:定性方法和定量方法。

(一)定性方法

定性方法主要是综合连锁企业各部门与供应商打交道的经验,通过个人判断来评估供应商,主要有个人评估法和供应商审计法。

1.个人评估法

个人评估法是由对供应商品有经验的各方面(如采购、配送中心、营运、财务等部门)的专家设定一个预先获得各方面认可的调查表,对供应商进行评级。这种方法常用于已存在密切业务关系的供应商。

2.供应商审计法

供应商审计法需要采购方定期对供应商进行考察,彻底调查供应商的生产、管理流程和质量组织情况,然后提出其存在的弱点和缺陷,并与供应商进行讨论、商议并提出改进措施。在继续考察的过程中,根据已制定的改进目标,检查供应商取得了多大的进步。

(二)定量方法

定量方法是尽力使供应商的绩效量化,通过这些量化的指标来评估供应商。包括加权法和成本比较法。

1.加权法

加权法是将评价供应商绩效所要衡量的各个项目(如质量、价格、交货、服务等)加上权重系数,并通过历史数据计算得分,属于计量分析方法。

2.成本比较法

成本比较法是在保证质量与交货期的前提下,对供应商的各种成本进行综合的比较分析,选择成本最低的供应商。

四、供应商绩效改善

供应商绩效改善的常用方法包括:建立供应商绩效指标、鼓励供应商提前参与、加强沟通与反馈、实施供应商改善项目。

1.建立供应商绩效指标

只有建立了供应商绩效指标,并在每年初设定目标值,才可以判断供应商的表现有什么差距,以便实施改善。

2.鼓励供应商提前参与

供应商的提前参与表现在两个层面:一是参与到产品开发过程中;二是参与到日常业务需求确认中。供应商的提前参与可以真正体现合作双方的共赢。在产品开发过程中参与,可以与对口部门直接对接,减少沟通障碍,确保开发出技能满足顾客需求,又能保证供应的新产品,提升开发效率,缩短周期,降低失败风险。在日常业务需求确认中的提前参与,可以更早地了解业务需求,缩短采购周期,在保障供应的同时,降低双方的库存。

3.加强对供应商的沟通与反馈

通常情况下,企业与供应商的沟通主要有三种方式:供应商活动日、供应商大会和供应商参加例会。供应商活动日通常每月一次,供应商大会通常每半年或一年一次。这两种方式更多的是联谊性质,对供应商绩效改善起不了什么作用,主要原因是时效性太差。因此,更常用的是让供应商参加例会,很多跨国企业都采取这种方式。每周例会应该有详细的议程与明确的议题,如果涉及哪家供应商,就让它派代表前来参加例会,确认是供应商的问题就要求现场做出改善承诺;如果不是供应商问题,公司内部部门就应正视问题,落实责任,切实改善,不能推脱到供应商身上。

4.实施供应商改善项目

供应商改善项目是指连锁企业把自身的一些成功的经验做法传授给供应商,通过提升供应商的经营管理水平,实现采购效益的提升。供应商改善项目可以通过对供应商相关人员进行培训和指导,或者组织本企业管理技术人员对供应商进行辅导,或者双方联合成立改善小组共同开展工作等。

项目五　进货作业管理

> **知识目标**

1. 熟悉连锁企业订单处理的基本内容和步骤；
2. 了解订单处理的注意事项；
3. 掌握采购订单的编制；
4. 熟悉采购订单审核的过程；
5. 熟悉采购商品的验收标准；
6. 了解采购商品的入库过程。

> **技能目标**

1. 能熟练完成采购订单的处理操作；
2. 能完成采购订单的审核过程；
3. 能根据订单信息进行进货作业；
4. 能根据订单完成进货验收作业；
5. 能根据入库流程完成进货商品的入库作业。

任务一　订单处理

连锁企业订单的处理是伴随商品的流动贯穿整个采购过程的，因此，订单管理和订货处理对于采购部门来讲至关重要。一般情况下，连锁企业订单的处理主要涉及两个阶段：一个是门店向配送中心的要货阶段；二是采购部门向供应商的订货阶段。

学习任务

任务描述

通过情景模拟学习,能掌握采购订单的基本操作流程管理任务,内容包括:

(1)能根据采购信息正确制定订单并有效确认。

(2)对已确认的订单,根据商品特征及数量做出统计。

(3)完成相关背景下的订单制定和审核。

(4)订单明细分析及确认。

(5)订单跟踪。

任务要求

根据某连锁企业的实际背景,要求学生分组进行调研后,根据该部门的商品销售和库存情况,进行采购订单的制作并完成审核的操作步骤。同时了解门店的要货过程及配送中心的要货单的处理过程,制作出流程图,并完成流程说明。

任务分析

本任务中,教师可根据学生熟悉的实训基地或其他接触较多的连锁企业,选择一到两个企业,针对不同需求部门的需求商品及要求,设定任务训练的具体背景,让学生根据采购申请的步骤及要求完成任务。此任务可以以小组的形式,设定不同的角色,赋予不同的角色以不同的任务,通过查阅资料、调研、讨论等形式,搜集信息,制定不同角色的任务要求,完成订单的制作和处理、审核的各项工作。为后续的任务操作和工作要求打下良好的基础。

相关知识

一、要货订单处理流程介绍

要货订单处理是指连锁企业配送中心在接受门店订货至着手备货之间的作业阶段,包括订单确认、存货查询、单据处理及出货配发等过程。通常情况下,订单处理是人工处理或者计算机来完成。计算机处理速度快、差错率低、成本低,适合大批量的订单处理,因此是目前常用的处理方式。配送中心的订单处理基本内容和步骤可以用图 5-1 说明。

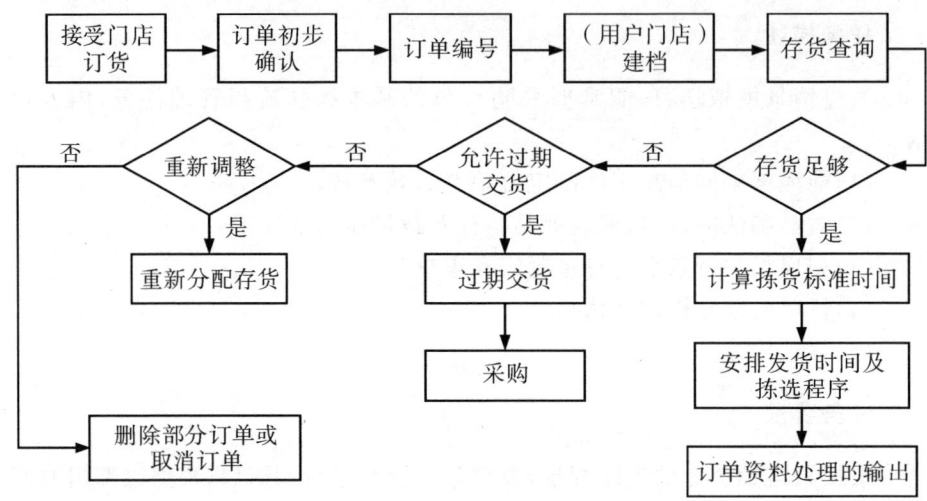

图 5-1 订单处理基本内容和步骤

1. 接受订货

接受订货目前常用的是电子订货方式,也就是电子订货系统(EOS,Electronic Order System)。其做法主要有 3 种:

(1)订货簿或货架标签配合手持终端机及扫描器。订货人员携带设备巡视货架,若发现商品缺货则用扫描器扫描订货簿或货架上的商品标签,再输入订货量。

(2)POS(销售时点管理系统)。通过 POS 系统,门店可以根据系统显示,若低于安全库存,自动产生订货信息,并通过后台进行传输。

(3)订货应用系统。门店系统里有订单处理系统,可以直接将应用系统产生的订货资料经过转换直接传送给总部或供应商。

2. 设定订单号码及建立档案

每一份订单都要有单独的订单号码,此号码一般由控制单位或成本单位来确定。它便于计算,还有利于制造、配送等一切相关的工作。

建立客户档案,是要将客户状况进行详细的记录,不但有益于本次订单执行的顺利进行,更有助于以后的作业操作。

3. 计算拣货标准时间

主要是对每一份订单或每批订单可能花费的拣取时间要事先安排,即要计算订单拣取的标准时间,有计划地安排出货时间和过程。

4.按照订单排定出货时序及拣货顺序

按照存货状况进行有关存货的分配,还要对这些存货安排出货时间和过程,安排拣货顺序,通常需要按照门店需要和标准拣货时间等具体情况来确定。

5.订单资料的处理输出

订单资料的处理输出主要涉及拣货单、送货单等。对库存缺货的商品,提供按商品或供应商的名称代号查询的缺货商品资料,可以提醒采购员及时采购。对缺货订单,提供按客户或业务员的名称代号查询的缺货订单资料。

二、采购部订单处理

配送中心或总部采购部的采购订单的处理流程,需要经过如下几个过程,如图 5-2。

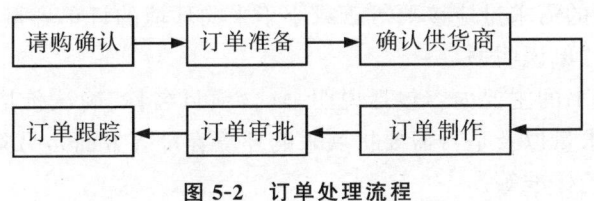

图 5-2 订单处理流程

1.请购确认

请购确认包括确认需求及需求说明。下面主要从这两个方面进行介绍:

(1)确认需求

要进行采购,首先要分析弄清究竟需要什么、需要多少、什么时候需要的问题,也就是要确定商品正确的采购时间,正确的采购数量和正确的采购品种。通过分析得到一份确实可靠、科学合理的采购清单的工作过程,就叫作采购需求分析。

(2)需求说明

需求说明是在确认需求之后,对需求的细节,譬如品质、包装、售后服务、运输、检验等,加以准确的说明和描述。由于在具体的规格要求交给供应商之前,采购部门是能够见到它的最后一个部门,因此,必须做出最后的检查和确认,这一步完成之后要填写相应的请购单。

2.订单准备

采购员在接到订单计划之后,不应立即向供应商下达订单,而应先进行订单的准备工作。订单准备工作描述如下:

(1)熟悉物品项目

采购员首先应该熟悉订单计划。订单的种类很多,可能是从来没有采购过的商品项目,对其采购环境不一定熟悉,这就需要花时间去了解商品项目的技术资料等。

(2)确认价格

采购员对采购价格的最终金额具有直接的责任,采购员有权利向供应商群体中价格最低的供应商下达订单合同,以维护采购方的最大利益。

(3)确认质量标准

采购员与供应商的接触比较多,在供应商实力的变化、前一订单的质量标准是否需要调整等方面掌握更多信息,因此要把握好各类采购商品的质量标准。

(4)确认项目需求量

订单计划的需求量应该要等于或小于采购环境的订单容量。

(5)制定订单说明书

订单说明书的主要内容包括说明书(含项目名称、确认价格、确认质量标准、确认的需求量以及是否需要扩展采购环境容量等方面),另附必要的图纸、技术规范、检验标准等。

3.确定供应商和价格

根据供应商的合作情况,合理选择并通过谈判确定合理采购价格。

4.订单制作

拥有信息系统的企业,采购订单可以直接生成,在其他情况下,需要编排打印。一般企业的订单都是固有格式,并且是供应商认可的,采购员只需填写相关参数即可。下面是一份采购订单的模板,如图5-3。

5.订单审批

订单审批是订单操作的重要环节,一般由专职人员负责,相关部门领导审批。在进行采购订单审核时,需要注意以下几个问题:

第一,是不是非要采购这个品种,考虑资源市场的产品变革,有没有其他更好的替代品?市场上可能已经出现了更好的品种,生产部门并不清楚,但是采购部门清楚,因为采购部门直接同资源市场打交道,所以要考虑是否有更好的替代品。

第二,是不是非要采购这么多的数量?考虑采购价值和成本、考虑库存控

订单编号：________
销售合同号：________

采 购 订 单

审核：________
批准：________

供应商：　　　　订购日期：
电　话：　　　　订购人：
传　真：　　　　送货地址：　　　　TEL：
联系人：　　　　收货人：　　　　FAX：

序号	产品名称	规格型号	数量	单价	合计	要求到货日	回复交货期	运输方式	备注
合计			小写：			大写：			

注：1.“回复交货期”必须在“要求到货日”之前。
2.请填写相关内容并签字回传，有相关疑问协商。
3.送货时请在送货单上注明“订单编号”和“销售合同号”。
4.随货或者传真此批物料的材质报告证明（或合格证）。
5.此采购订单所有条款属于双方约定的（年度）采购合同的一部分，受采购合同保护和约束。

供应商签字盖章

图 5-3　采购订单模板

制的需要，能不能少一点或多一点？

第三，这个品种的需求时间是不是可靠？考虑采购价值和成本、考虑库存控制的需要，可不可以推后或提前？

第四，这个品种采购有没有什么特别要求？考虑采购价值和成本、考虑库存控制的需要，这些要求是不是必要，有没有实现的可能性？

6.订单跟踪

采购员进行订单跟踪是一项重要的任务。订单跟踪的目的是促进和供应商合同的正常执行、满足企业的商品需求、保持合理的库存水平。订单跟踪一般包括合同执行前的跟踪、合同执行过程中的跟踪以及合同执行后的跟踪。

任务二　商品入库流程管理

与一般仓库相比，配送中心更强调快速周转能力，商品入库只是暂存，最终目的是以最快速度流转出去。因此，针对商品流转速度快、单位时间流转量大的特性，配送中心较多采用条码技术、无线射频技术、WMS 库存管理系统等，以各部门、各岗位人员的明确分工和高效协作，实现商品的快速准确入库。

学习任务

任务描述

(1)请学生结合曾经实习的某配送中心情况,画出一般商品入库流程图,包括岗位及工作内容划分,教师辅助提醒。

表 5-1 一般商品入库流程

人员	人员	人员	人员	人员

任务要求

要求学生在查阅资料学习流程管理内容,结合以前的学习,以小组为单位完成入库岗位分工及入库流程管理训练。各小组展示流程图,教师最后发放企业运用的流程图,点评讲解,引出流程管理知识。

任务分析

入库流程管理不仅仅是入库各环节的独立操作,而是在合理划分各岗位的工作范围和工作职责基础上,使各岗位合理衔接、高效合作,快速顺畅地完成入库作业的过程。学生通过流程岗位任务设计、作业环节及流程管理演练、理论研讨等项目,学习配送中心入库流程管理的方法和技能。

相关知识

一、入库作业影响因素

配送中心采购商品后,供应商送货前会把送货清单、送货时间通知配送中心。配送中心具备接货条件即可提前安排相关接货作业。入库作业流程管理涉及多个环节和多部门人员,每次进货的货种性质、进货量以及供应商的位置,接货人员的配合等因素都可能影响入库过程。

首先,完整的接货入库作业涉及供应商送货员(或司机)、仓管员、检验员、信息员、财务会计员以及搬运工人。其中:司机负责货运,检验员检验商品质量和数量,仓管员严守商品入库,信息员则将进货、检验、入库等信息进行传递和登记,财务会计员要登录财务进货账并决定进货付款或预付款,搬运工人则从事商品装卸车、贴条码、上架等短距离移动活动。其次,进货各环节需要各类单据和证明,以完成商品交接、入库指示、显示信息和确认商品等作用。最后,入库记录详细和真实地记录商品状况、发生问题的原因、损伤程度、时间、地点、责任人、请示处理、是否可避免等情况,如检验记录,入库数量、供应商和各类负责任人的记录。

明确各类人员的工作职责、单证和记录因素,能够使入库工作更周密,明白其中的责任,也为解决贸易纠纷、维护企业利益提供了条件。

二、入库作业流程及环节

一般商品的入库作业操作主要涉及入库前的准备、商品接运、商品验收、安排货位、搬运、进货登记确认等环节,具体见图5-4。

1.入库准备

在商品到达之前,有关人员必须根据合同客户的要求及时、细致地对商品的货位、人力、物力等方面进行安排和协调,保证商品能够顺利入库。商品入库的准备工作主要有以下几项:

(1)根据实际情况,拟定进货流程。初次进货或新品种进货,要根据采购合同的规定、发货方式、进货类型、商品种类、供应商位置、信息条件等拟定进货流程,要明确商品交接过程中的信息单证流转和实物的实际处理顺序。人员分工及工作衔接等可以用流程图清楚标示。

(2)熟悉入库商品和仓库状况。入库操作和管理人员必须通过认真查阅

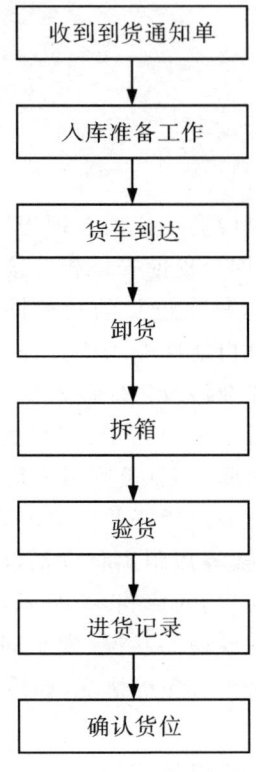

图 5-4　入库作业环节

相关资料或询问供应商的方式了解商品的相关信息,如商品名称、商品物理化学特点、规格数量、到库时间、保管要求等。另外,还要了解仓库库场的相关信息,如商品入库场所的设置、库位分布、库存数量、设备人员分配变动情况等。了解这些信息的目的是能够更快更好地完成新的入库商品的库位安排以及今后保管保养措施的制定。

(3)制订仓库作业计划。仓库工作人员根据要到达商品的特点和仓库状况制订相应的仓储工作计划,并及时将工作计划下达给相关部门使之得到执行。

(4)安排货位。安排货位是进行入库作业之前的一项非常重要的准备工作。工作人员要根据了解到的入库商品的信息和仓库状况合理安排商品的储位,保证商品按照仓储的原则进行保管和保养,并且要便于商品的出入库操作。除此之外,在商品到达之前,还要做好储位的清理和维护工作,保证相关设备正常运行。

(5)组织人力,准备工具。在商品入库之前,根据仓储作业计划,安排相应的工作人员进行装卸、搬运、检验及堆码作业;同时要准备好进行堆码、入库操作时用到的工具、设备及材料,如搬运车、托盘、检测工具、苫盖材料等。

(6)确定装卸搬运的工艺流程。根据商品的特点和仓储保管的环境与条件,仓储部门要对商品的入库作业流程进行设计和制定,保证用尽可能高的工作效率完成作业。

(7)相关文件单证的准备工作。商品入库前,需要准备各类相应的报表、单据、记录簿等,以备商品到达后方便取用。商品入库前的准备工作必须认真、准确、及时地完成。不同仓库、不同行业的仓储作业规范不太相同,所以准备工作的多少和内容也会有所差别。

2.商品接运

准备工作就绪后,下一步就是接运。接运地点不同,接运形式也就不同。接运形式主要有四种:码头、车站接货;铁路专用线接货;仓库自行接货;库内接货。不管应用何种形式,配送中心都应保证商品的接运安全,并及时到达指定卸货和验货地点。

3.商品验收

商品到达仓库后必须经过验收,符合企业各项预定标准的商品才能准许入库。验收商品可以根据以下几项标准来进行:采购合同和订单规定的相关信息;采购时确定的样本;采购合同中的规格和图解;商品的国际或国家品质标准。

商品的入库验收工作主要包括验收准备工作、核对验收单据、验收比例确定、实物验收等几个环节。验收工作的具体操作流程如图5-5所示。

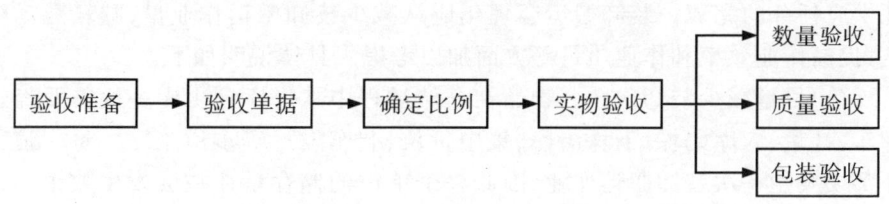

图 5-5　商品验收作业流程

(1)验收准备。验收准备工作主要是对验收商品的货位、验收工具与设备、验收人员进行准备。具体的准备工作主要包括以下几个方面:收集验收标准和有关要求;准备验收的工具、仪器及设备等,保证设备、仪器准确可靠;准备相应的人员配备和防止意外的防范用品。

(2)验收单据。商品验收的单据主要是供货商提供的入库通知单、质量保证书、装箱单、说明书、保修卡及合格证,特殊商品还须出示相关商检部门的检验证明。另外,验收单据还包括承运人提供的运输单据,如提货通知单、货运交接单、货物运输记录等。验收时必须保证这些单据与相关资料相对应,若出现不符或缺失的情况,应及时向有关部门反映并解决问题。

(3)确定比例。在最初签订仓储合同时,仓储双方当事人已对检验条款做出了明确的规定,双方只需按照合同相关条款的要求选择合理的检验比例。如果合同没有规定该条款,仓库管理人员应根据具体的情况确定合适的比例,如商品的数量、厂家的信誉、商品存放时间的长短、生产技术等,这些因素都影响商品检验比例的确定。

(4)实物验收。实物验收是仓库管理验收的核心,主要包括对商品的数量、质量及包装的验收。商品的数量验收往往采取计件、称重、量体积三种形式,以此确认商品实际数量与合同及其他单据的一致性。质量检验主要是对商品的外观和物理化学特性进行检验,保证商品的质量符合相关规定。包装检验是通过感官对商品在运输过程中是否有包装损坏进行检验,包装完整、标志清晰的商品才能准许入库。

商品验收的方法有很多种,可以通过感官验收,也可以采取仪器验收。具体来讲,货物验收的方法主要有视觉检验、听觉检验、触觉检验、嗅觉检验、味觉检验、应用仪器检验、商品自行运行检验等。

4.装卸搬运

配送中心一般需要在收货月台上进行装卸搬运作业。装卸搬运工作要以尽可能少的人力和物力消耗,高质量、高效率地完成仓库的装卸搬运任务,保证供应任务的完成。装卸搬运合理化应从减少装卸搬运作业量、减轻劳动强度、提高作业效率和作业质量等方面加以考虑。具体说明如下:

(1)尽量减少装卸次数。物品在仓储过程中从进库到出库一般需要经过卸车、计量、入库码垛、下垛出库、集中货位、装车发运等多道工序。每一道工序都要发生一次装卸搬运作业,因此一个单位的储存量往往会发生数个单位的装卸作业量。

一次性作业只是解决收发料中减少装卸次数的问题。仓库除物品的收发外,还有物品的检斤、码垛、倒垛、分拣、集中等多种作业,这些也都属于装卸搬运作业。仓库能否实现收发料中的一次性作业,能否减少其他环节的装卸次数,主要取决于仓库的设施条件和组织管理水平。

(2)缩短搬运距离。缩短搬运距离是指在仓库的库存量和吞吐量一定的情况下,所发生的搬运作业总距离最短。搬运作业总距离的长短主要取决于仓库的合理平面布局和组织管理水平。为此,要缩短搬运作业的总距离,必须从合理规划仓库平面布局和提高组织管理水平做起。

(3)提高物品的活性指数。被装卸搬运的物品处于什么状态,这对装卸搬运作业影响非常大。为了便于装卸搬运,企业总是期望物品处于最容易移动的状态。物品便于装卸搬运的程度称为活载程度,简称活性,可以用活性指数来表征。活载程度一般分为 5 个等级,用相应的活性指数 0～4 表示。活性指数愈小,愈不容易移动;活性指数愈大,愈容易移动。

5.进货记录

传统手工操作需要填制各种纸质单证,现今许多配送中心采用条码技术、手持终端无线传输、WMS 库存管理系统软件等进行信息采集和传输,减少了手动填制单证,提高了工作效率和信息的准确度。

6.货位确认

手工操作的入库作业靠人工进行货位确认,现代化的配送中心一般采用条码标识货位,通过无线手持终端从系统下载商品货位安排指示,商品上架后再次扫描货架条码完成货位确认,同时库存信息实时得到更新。

拓展知识

某连锁企业配送中心入库作业流程

(1)某配送中心入库作业流程

图 5-6 为流程图,流程描述为:
- 供应商在送货之前,应当进行送货预约;
- 门卫对供应商车辆进行检查,已经预约的车辆,直接放行,没有预约的车辆,由门卫代为预约后放行;
- 供应商车辆根据 LED 显示直接停靠指定月台,或者进入停车场等待;
- 仓管员接到《作业通知单》,到达指定月台;车辆如果停靠不正确,要求其调整;
- 仓管员按《作业通知单》确定是否质检;
- 装卸人员根据《作业通知单》进行卸货拼盘;
- 仓管员收货过账后,填写《作业通知单》;
- 供应商送货人员凭《作业通知单》到物流财务处,缴纳相关费用,并领取入库单;

- 至门卫处，归还《临时通行证》后出门。

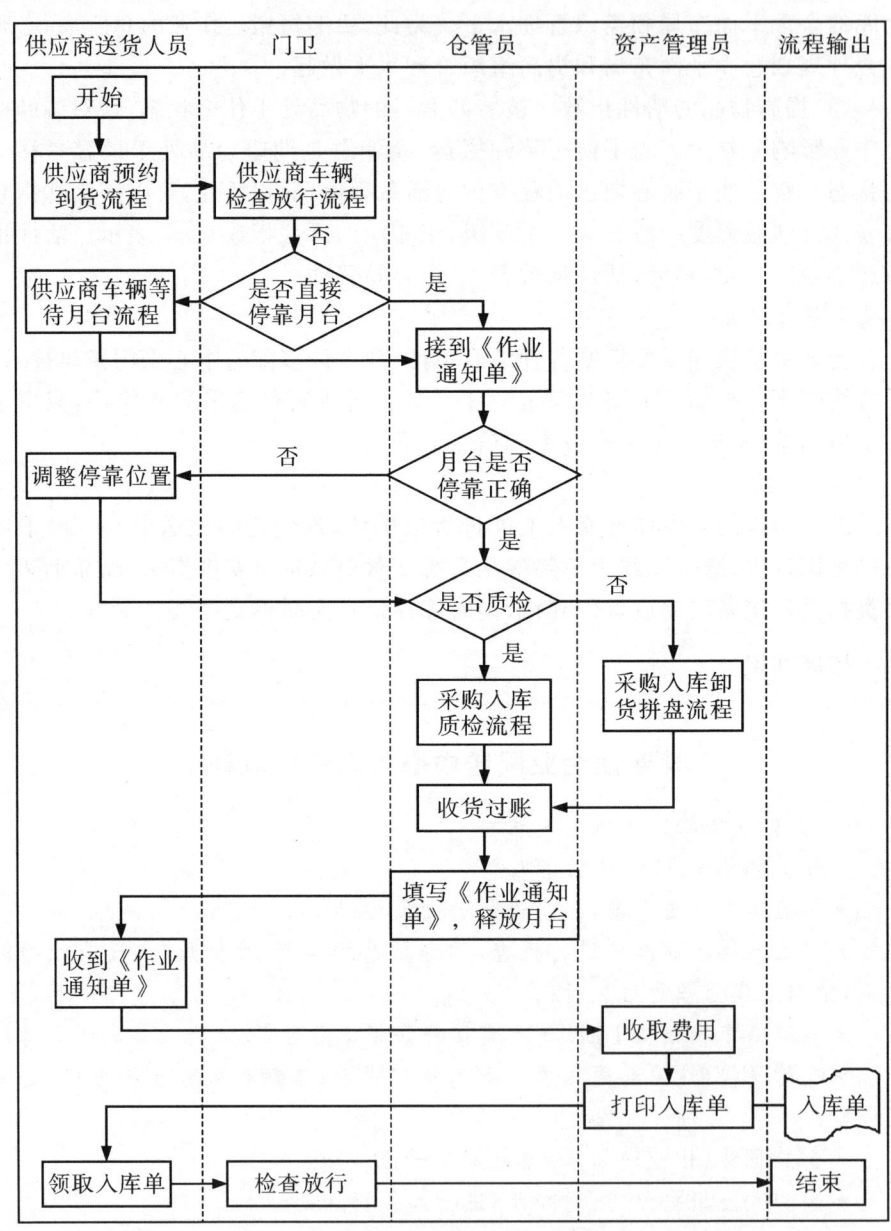

图 5-6 某连锁企业配送中心入库作业流程

(2) 某连锁企业配送中心入库月台卸货拼盘流程

入库月台卸货拼盘流程为上述入库作业流程的子流程,如图 5-7 所示。

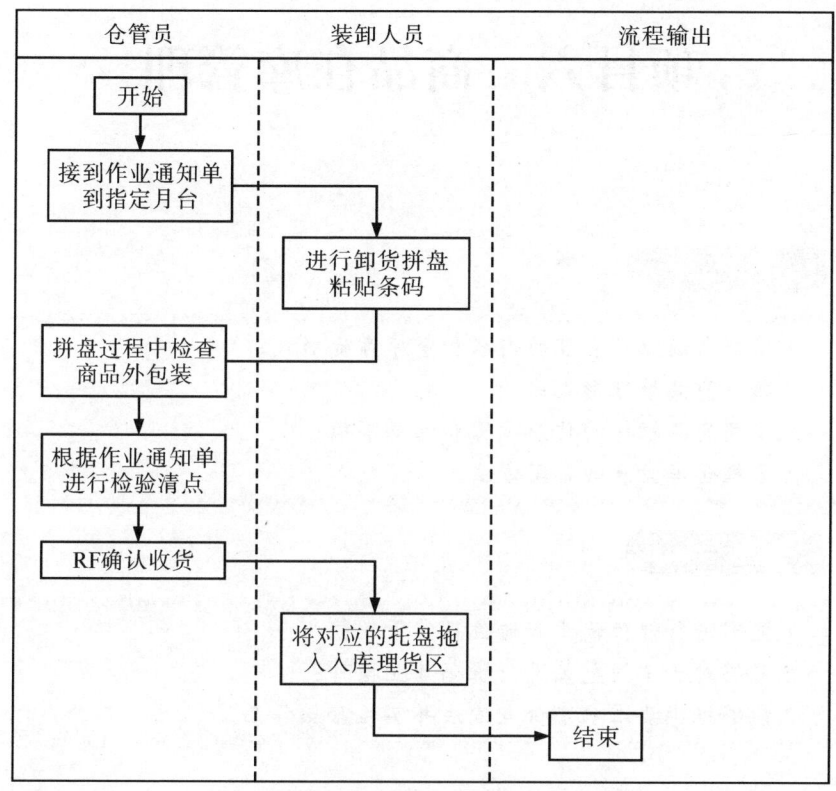

图 5-7　某配送中心入库月台卸货拼盘流程图

流程描述为:

⊙ 仓管员领取《作业通知单》和条码。

⊙ 装卸人员在仓管员的指挥下,依照《作业通知单》的要求,进行卸货、拼盘,加贴标签;拼盘时应保持重心平衡,并使用捆扎带加固。

⊙ 仓管员根据《作业通知单》对已拼盘的商品进行检验清点。

⊙ 仓管员根据检验清点情况,使用 RF 对托盘进行入库确认。

⊙ 装卸人员将托盘放入入库理货区。

⊙ 全部收货完毕后,仓管员将收货情况及资费收取情况填写在《作业通知单》上。

⊙ 供应商送货人员凭《作业通知单》到物流财务处领取入库单。

项目六　商品在库管理

> **知识目标**
>
> 1. 了解仓储储位管理的内容和仓库存货形式；
> 2. 熟悉商品堆垛形式；
> 3. 了解商品堆垛的作业步骤和注意事项；
> 4. 掌握仓库盘点的常用方法。

> **技能目标**
>
> 1. 能够进行储位优化和储位日常管理；
> 2. 能够对于不同包装进行堆码作业操作；
> 3. 能够根据要求确定盘点方法并实施盘点作业。

任务一　储位及商品堆垛管理

连锁企业配送中心采购商品入库后，要进行上架和堆码，这是商品在库作业的第一大环节。商品的堆垛就是指要根据物品的包装、外形、性质、特点、种类和数量，结合季节和气候情况，以及储存时间的长短，将物品按一定的规律码成各种形状的货垛。堆码的主要目的是便于对物品进行维护、查点等管理和提高仓库利用率。

学习任务

任务描述

某连锁企业的配送中心所订的货已到仓库,并已经过验收,现在需要进行入库作业,其商品品种规格数量见表 6-1。请根据商品类别和尺寸,确定商品存放储位和堆码方式,并完成堆码设计。

表 6-1 商品清单

序号	货品编号	商品名称	规格型号	单位	单价(元)	数量	外包装尺寸
1	D001	王老吉	355ml×24	箱	48.00	22	0.8×0.6×0.4
2	F001	方便面	105g×12	箱	36.00	173	0.6×0.4×0.4
3	D002	葡萄酒	560ml×6	箱	54.00	52	0.4×0.4×0.2
4	F002	巧克力	220g×6	箱	120.00	29	0.2×0.2×0.2
5	F003	色拉油	2.5ml×6	箱	120.00	20	0.8×0.6×0.4
6	W001	洗发水	400ml×12	箱	360.00	22	0.4×0.4×0.4
7	W002	沐浴露	355ml×12	箱	144.00	15	0.4×0.4×0.4
8	W003	花露水	255ml×12	箱	56.00	37	0.4×0.2×0.2
9	W004	香皂	105g×24	箱	47.00	26	0.2×0.2×0.2
10	W005	漱口水	250ml×12	箱	240.00	16	0.4×0.2×0.2

配送中心仓库平面如图 6-1 所示。

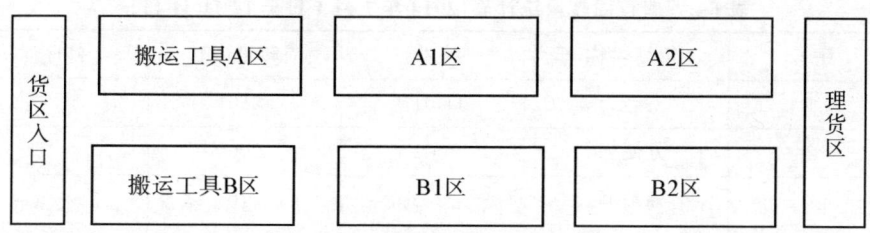

图 6-1 配送中心仓库平面图

库内共配置 A1、A2、B1、B2 四个储存区，且储存区与拣货区复用。各储存区采用横梁式货架配合托盘的作业形式。货架储位如图 6-2 所示。

A1 区货架

储位号：A1010301	储位号：A1010302	储位号：A1010303
储位号：A1010201	储位号：A1010202	储位号：A1010203
储位号：A1010101	储位号：A1010102	储位号：A1010103

A2 区货架

储位号：A2010301	储位号：A2010302	储位号：A2010303
储位号：A2010201	储位号：A2010202	储位号：A2010203
储位号：A2010101	储位号：A2010102	储位号：A2010103

B1 区货架

储位号：B1010301	储位号：B1010302	储位号：B1010303
储位号：B1010201	储位号：B1010202	储位号：B1010203
储位号：B1010101	储位号：B1010102	储位号：B1010103

B2 区货架

储位号：B2010301	储位号：B2010302	储位号：B2010303
储位号：B2010201	储位号：B2010202	储位号：B2010203
储位号：B2010101	储位号：B2010102	储位号：B2010103

图 6-2 货架储位图

表 6-2 库存周转量统计表(2014 年 1 月 1 日至 12 月 31 日)

序号	货品名称	编号	周转量(箱)	排序
1	王老吉	D001	250	
2	方便面	F001	200	
3	葡萄酒	D002	10	
4	巧克力	F002	1 000	
5	色拉油	F003	160	
6	洗发水	W001	100	

续表

序号	货品名称	编号	周转量(箱)	排序
7	沐浴露	W002	5	
8	花露水	W003	80	
9	香皂	W004	50	
10	漱口水	W005	20	

任务要求

通过连锁企业配送中心的仓库布局和储位设计，完成仓库商品的储位指派，并对列出的入库商品进行堆码设计。要求储位指派时要依据商品的类别（题目中给出的是库存周转量统计表，见表 6-2，由此进行 ABC 分类计算，确定商品的 ABC 分类），完成商品的储位指派。其次要根据堆垛要求对不同类别的商品进行堆垛设计，要求完成堆垛的奇偶层以及侧视图的设计。

任务分析

连锁企业配送中心的商品入库种类繁多，必须要根据商品的分类和仓库存储区域的分区分类，进行有效的规划和设计。另外，在商品堆垛的过程中，要遵守牢固、美观等基本堆垛原则。

相关知识

一、货位管理

进入仓库中储存的每一批商品在其理化性质、来源、去向、批号、保质期等各方面都有独特的特性，仓库要为商品确定一个合理的货位，既要保证保管的需要，更要便于仓库的作业和管理。仓库需要按照物品自身的理化性质和储存要求，根据分库、分区、分类的原则，将物品固定区域与位置存放。此外还应进一步在定置区域内，以物品材质和型号规格等系列，按一定顺序依次存放。货位管理的基本步骤如图 6-3 所示。

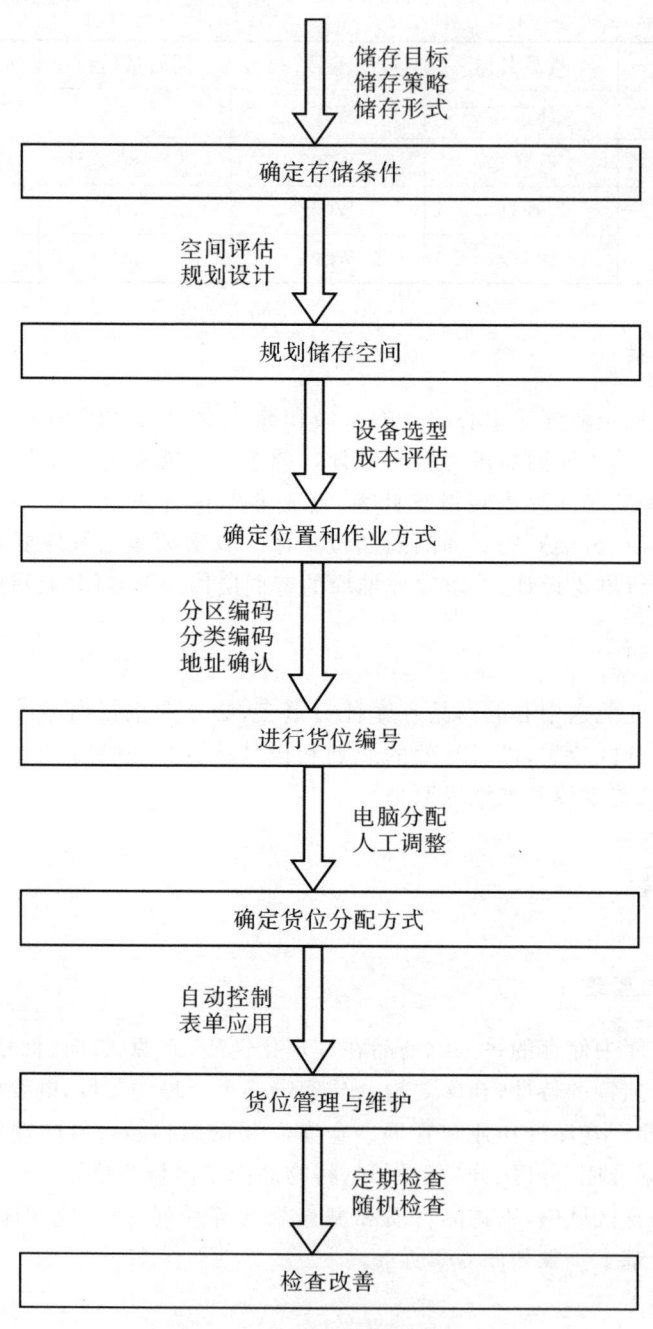

图 6-3　货位管理基本步骤

二、货位的存货方式

货位存货方式主要分为固定型和流动型两种。

(一)固定型

固定型是一种利用信息系统事先将货架进行分类、编号,并贴上货架代码,各货架内装置的物品事先加以确定的货位存货方式。在固定型管理方式下,各货架内装载的商品长期是一致的,这样备货作业较为容易,同时信息管理系统的建立也较为方便,因为只要第一次将货架编号以及物品代码输入计算机,就能很容易地掌握物品出入库动态,从而省去了不断进行库存统计的繁琐业务。与此同时,在库存发出以后,利用信息系统能很方便地掌握账目以及实际的剩余在库量,及时补充库存。

(二)流动型

流动型指所有物品按顺序摆放在空的货架中,不事先确定各类物品专用的货架。流动型管理方式由于各货架内装载的物品是不断变化的,在物品变更登录时出差错的可能性较高。

固定型管理和流动型管理各有一定的适用范围。一般来讲,固定型管理适用于非季节性物品、重点客户的物品,以及库存物品种类比较多且性质差异较大的情况;而季节性物品或物流量变化剧烈的物品,由于周转较快,出入库频繁,则流动型管理更为适用。

三、堆码的基本原则和基本要求

堆码是指根据商品的包装、外形、性质、特点、种类和数量,结合季节和气候情况,以及储存时间的长短,将商品按一定的规律码成各种形状的货垛。堆码的主要目的是便于对物品进行维护、查点等管理和提高仓库利用率。

1.堆码的基本原则

(1)分类存放:分类存放是仓库储存规划的基本要求,是保证物品质量的重要手段,因此也是堆码需要遵循的基本原则。

- 不同类别的商品分类存放,甚至需要分区分库存放;
- 不同规格、不同批次的商品也要分位、分堆存放;
- 残损物品要与原货分开;
- 对于需要分拣的商品,在分拣之后,应分位存放,以免混串。

此外,分类存放还包括不同流向商品、不同经营方式物品的分类分存。

(2)选择适当的搬运活性:为了减少作业时间、次数,提高仓库物流速度,应该根据商品作业的要求,合理选择商品的搬运活性。对搬运活性高的入库存放商品,也应注意摆放整齐,以免堵塞通道,浪费仓容。

(3)面向通道,不围不堵:货垛以及存放商品的正面,尽可能面向通道,以便察看;另外,所有商品的货垛、货位都应有一面与通道相连,处在通道旁,以便能对商品进行直接作业。只有在所有的货位都与通道相同时,才能保证不围不堵。

2.商品堆码操作要求

(1)牢固。操作工人必须严格遵守安全操作规程,防止建筑物超过安全负荷量。码垛必须不偏不斜,不歪不倒,牢固坚实,与屋顶、梁柱、墙壁保持一定的距离,确保堆垛的安全和牢固。

(2)合理。不同商品其性能、规格、尺寸不相同,应采用各种不同的垛形。不同品种、产地、等级、批次、单价的商品,应分开堆码,以便收发、保管。货垛的高度要适度,不能压坏底层商品和地坪,并与屋顶、照明灯保持一定距离为宜;货垛的间距、走道的宽度、货垛与墙面、梁柱的距离等,都要合理、适度。垛距一般为 0.5~0.8 m,主要通道为 2.5~4 m。

(3)整齐。货垛应按一定的规格、尺寸叠放,排列整齐、规范。商品包装标识应一律向外,便于查找。

(4)定量。商品储存量不应超过仓储定额,即应储存在仓库的有效面积、地坪承压能力和可用高度允许的范围内。同时,应尽量采用"五五化"堆码方法,便于记数和盘点。

(5)节约。堆垛时应注意节省空间位置,适当、合理地安排货位的使用,提高仓容利用率。

3.堆垛设计的内容

(1)货垛"五距"要求

货垛的"五距"指的是垛距、墙距、柱距、顶距和灯距。堆垛货垛时,不能依墙、靠柱、碰顶、贴灯;不能紧挨旁边的货垛,必须留有一定的间距。无论采用哪一种垛型,房内必须留出相应的走道,方便商品的进出和消防用途。

①垛距。货垛与货垛之间的必要距离,称为垛距,常以支道作为垛距。垛距能方便存取作业,起通风、散热的作用,方便消防工作。库房垛距一般为 0.3~0.5 m,货场垛距一般不少于 0.5 m。

②墙距。为了防止库房墙壁和货场围墙上的潮气对商品的影响,也为了散热通风、消防工作、建筑安全、收发作业,货垛必须留有墙距。墙距可分为库房墙距和货场墙距,其中,库房墙距又分为内墙距和外墙距。内墙距是指商品

离没有窗户墙体的距离,此处潮气相对少些,一般距离为 0.1～0.3 m;外墙距是指商品离有窗户墙体的距离,这里湿度相对大些,一般距离为 0.1～0.5 m。

③柱距。为了防止库房柱子的潮气影响商品,也为了保护仓库建筑物的安全,必须留有柱距。柱距一般为 0.1～0.3 m。

④顶距。货垛堆放的最大高度与库房、货棚屋顶横梁间的距离,称为顶距。顶距能便于装卸搬运作业,能通风散热,有利于消防工作,有利于收发、查点。顶距一般为 0.5～0.9 m,具体视情况而定。

⑤灯距。货垛与照明灯之间的必要距离,称为灯距。为了确保储存商品的安全,防止照明灯发出的热量引起靠近商品燃烧而发生火灾,货垛必须留有足够的安全灯距。灯距按规定应有不少于 0.5 m 的安全距离。

4.堆码设计

为了达到堆码的基本要求,必须根据保管场所的实际情况、商品本身的特点、装卸搬运条件和技术作业过程的要求,对商品堆垛进行总体设计。设计的内容包括垛基、垛形、货垛参数、堆码方式、货垛苫盖、货垛加固等。

(1)垛基

垛基是货垛的基础,其主要作用是:承受整个货垛的重量,将物品的垂直压力传递给地基;将物品与地面隔开,起防水、防潮和通风的作用;垛基空间为搬运作业提供方便条件。因此,对垛基的基本要求是:将整垛商品的重量均匀地传递给地坪;保证良好的防潮和通风;保证垛基上存放的物品不发生变形。

(2)垛形

垛形是指货垛的外部轮廓形状。按坪底的平面形状可以分为矩形、正方形、三角形、圆形、环形等。按货垛立面的形状可以分为矩形、正方形、三角形、梯形、半圆形,另外还可组成矩形—三角形、矩形—梯形、矩形—半圆形等复合形状。如图 6-4 所示。

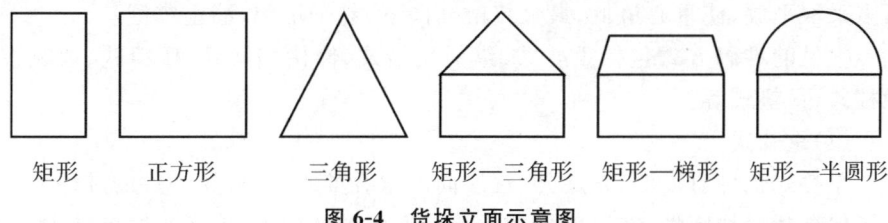

图 6-4　货垛立面示意图

不同立面的货垛都有各自的特点。矩形、正方形垛易于堆码,便于盘点计数,库容整齐,但随着堆码高度的增加货垛稳定性就会下降。梯形、三角形和半圆形垛的稳定性好，便于苫盖，但是不便于盘点计数，也不利于仓库空间的利用。矩形—三角形等复合货垛恰好可以整合它们的优势，尤其是在露天存放的情况下更须加以考虑。

(3) 货垛参数

货垛参数是指货垛的长、宽、高，即货垛的外形尺寸。通常情况下应先确定货垛的长度，例如长形材料的尺寸长度就是其货垛的长度，包装成件物品的垛长应为包装长度或宽度的整数倍。货垛的宽度应根据库存物品的性质、要求的保管条件、搬运方式、数量多少以及收发制度等确定，一般多以两个或五个单位包装为货垛宽度。货垛高度主要根据库房高度、地坪承载能力、物品本身和包装物的耐压能力、装卸搬运设备的类型和技术性能，以及物品的理化性质等来确定。在条件允许的情况下应尽量提高货垛的高度，以提高仓库的空间利用率。

四、物品堆码存放的基本方法

(一) 散堆法

散堆法是直接用堆扬机或者铲车在确定的货位后端起，直接将物品堆高，在达到预定的货垛高度时，逐步后推堆货，后端先形成立体梯形，最后成垛。由于散货具有流动、散落性，堆货时不能堆到太近垛位四边，以免散落使物品超出预定的货位。散堆法适用于露天存放的没有包装的大宗物品，如煤炭、矿石等，也可适用于库内少量存放的谷物、碎料等散装物品。

(二) 堆垛法

对于有包装（如箱、桶）的物品，包括裸装的计件物品，宜采取堆垛的方式储存。堆垛方式储存能够充分利用仓容，做到仓库内整齐，方便作业和保管。物品的堆码方式主要取决于物品本身的性质、形状、体积、包装等。一般情况下多采取平放，使重心最低，最大接触面向下，易于堆码，稳定牢固。

常见的堆码方式包括重叠式、纵横交错式、仰伏相间式、压缝式、通风式、栽柱式、衬垫式等。

(1) 重叠式

重叠式也称直堆法，是逐件、逐层向上重叠堆码，一件压一件的堆码方式。为了保证货垛稳定性，在一定层数后改变方向继续向上，或者长宽各减少一件继续向上堆放。该方法方便作业、计数，但稳定性较差。适用于袋装、箱装、篓筐装物品，以及平板、片式物品等。如图6-5所示。

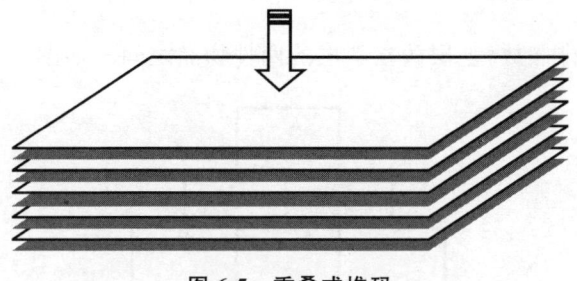

图 6-5　重叠式堆码

(2)纵横交错式

纵横交错式是指每层物品都改变方向向上堆放。适用于管材、捆装、长箱装物品等。该方法较为稳定,但操作不便。如图 6-6 所示。

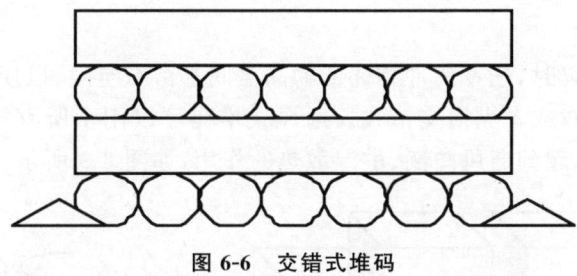

图 6-6　交错式堆码

(3)仰伏相间式

对上下两面有大小差别或凹凸的物品,如槽钢、钢轨等,将物品仰放一层,再反一面伏放一层,仰伏相向相扣。该垛极为稳定,但操作不便。如图 6-7 所示。

图 6-7　仰伏相间式

(4)压缝式

将底层并排摆放,上层放在下层的两件物品之间。如图6-8所示。

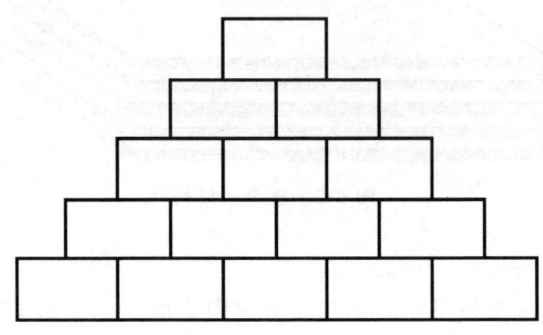

图6-8　压缝式

(5)通风式

物品在堆码时,任意两件相邻的物品之间都留有空隙,以便通风。层与层之间采用压缝式或者纵横交错式。通风式堆码可以用于所有箱装、桶装以及裸装物品堆码,起到通风防潮、散湿散热的作用,如图6-9所示。

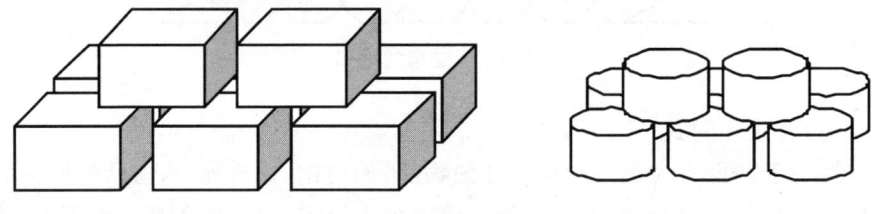

图6-9　通风式堆码

(6)栽柱式

码放物品前先在堆垛两侧栽上木桩或者铁棒,然后将物品平码在桩柱之间,几层后用铁丝将相对两边的柱拴连,再往上摆放物品。此法适用于棒材、管材等长条状物品。如图6-10所示。

(7)衬垫式

码垛时,隔层或隔几层铺放衬垫物,衬垫物平整牢靠后,再往上码。适用于不规则且较重的物品,如无包装电机、水泵等。

(8)托盘上存放物品

由于托盘在物流系统中的运用得到认同,因此就形成了物品在托盘上的堆码方式。托盘是具有标准规格尺寸的集装工具,因此,在托盘上堆码物品可

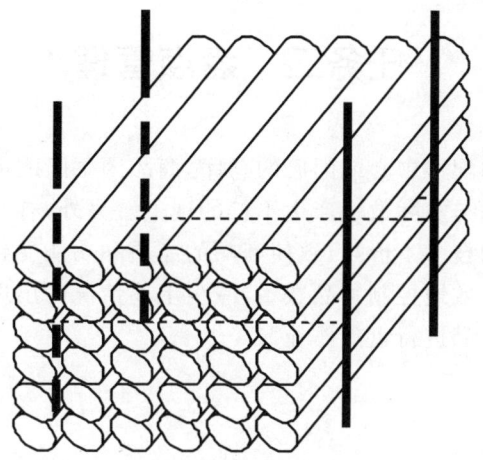

图 6-10 栽柱式堆码

以参照典型堆码图谱来进行。如硬质直方体物品可参照中华人民共和国国家标准 GB/T4892—1996《硬质直方体运输包装尺寸系列》硬质直方体在 1 140 mm×1 140 mm 托盘上的堆码图谱进行。圆柱体物品可参照中华人民共和国国家标准 GB/T13201—1997《圆柱体运输包装尺寸系列》圆柱体在 1 200 mm×1 000 mm、1 200 mm×800 mm、1 140 mm×1 140 mm 托盘上的堆码图谱进行。

(9)"五五化"堆垛

"五五化"堆垛就是以五为基本计算单位,堆码成各种总数为五的倍数的货垛,以五或五的倍数在固定区域内堆放,使商品"五五成行、五五成方、五五成包、五五成堆、五五成层",堆放整齐,上下垂直,过目知数。便于商品的数量控制、清点盘存。如图 6-11 所示。

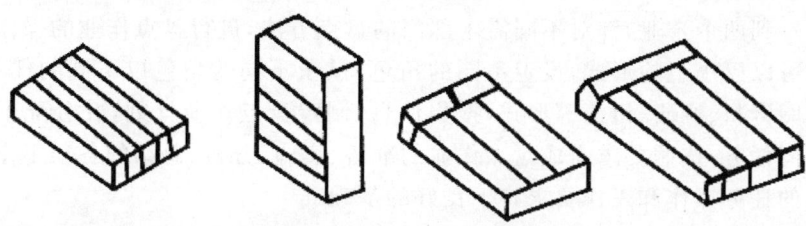

图 6-11 五五化堆垛示意图

任务二　盘点管理

在连锁企业的配送中心或门店的仓库,商品因不断的进出库,在长期的累积下库存资料容易与实际数量产生不符的现象。另外,有些产品因存放过久、存放和保养措施和技术不恰当,致使商品的品质和功能受到影响,难以满足客户的要求。为了有效地控制货品数量,减少上述情况的出现,仓储工作人员须对各储存场所的商品进行盘点作业。

学习任务

任务描述

根据学校的实训条件,可以选择校外实训基地或校内生产性实训基地的仓库实施盘点作业任务。通过情景模拟盘点作业的操作和盘点结果的处理。

任务要求

任务操作过程中,要求学生根据盘点工作量进行分组,在进行盘点作业之前要制定盘点作业计划,根据盘点要求,制定一份盘点作业单。盘点单需填写的主要内容应该包括:商品内部编码、商品条码、商品名称、商品规格、包装形式、保质期、数量、存放货位、责任人、备注、签名等项目。

任务分析

教师可根据学生熟悉的校外连锁企业实训基地或校内生产型实训基地,选择一到两个企业,针对不同需求部门的盘点方法,进行盘点作业的操作。此任务可以以小组的形式,设定不同的角色,赋予不同的角色以不同的任务,通过查阅资料、调研、讨论等形式,搜集信息,制定盘点作业计划,并分配不同角色不同任务,按照要求完成盘点作业的准备、实施、分析、总结的各项工作。为后续的任务操作和工作要求打下良好的基础。

相关知识

一、盘点作业概述

盘点作业的主要工作内容是:查数量、查质量、查保管条件、查安全。

盘点作业在仓库管理中具有重要的作用。首先,通过盘点可以确定现存量,并修正料账不符产生的误差。其次,通过盘点,可以了解企业的损益,出现库存过高等影响企业收益的现象,企业就需要制定相应的方案来进行应对。最后,通过盘点,企业还可以稽核货品管理的绩效,使出入库的管理方法和保管状态变得更加清晰。

二、盘点作业的操作步骤

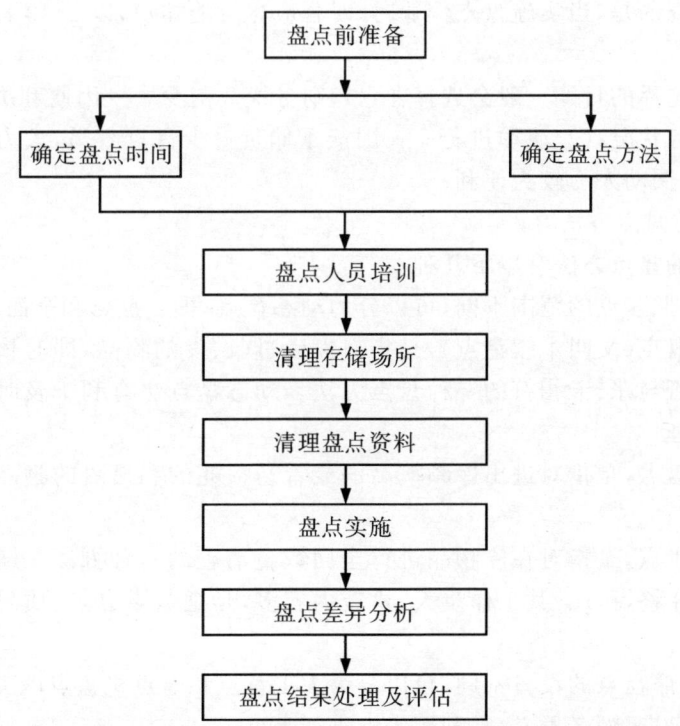

1.盘点前的准备工作

盘点作业的事先准备工作内容如下:(1)明确建立盘点的程序方法;(2)配

合会计决算进行盘点;(3)盘点、复盘、监盘人员必须经过训练;(4)经过训练的人员必须熟悉盘点用的表单;(5)盘点用的表格必须事先印制完成;(6)库存资料必须确实结清。

2.盘点时间的决定

一般的货品就货账相符的目标而言盘点次数愈多愈好,但因每次实施盘点必须投入人力、物力、财力,这些都需要消耗大量的成本,因此也很难经常做到越多越好。事实上,导致库存误差的关键主因在于出入库的过程,可能是因出入库作业传票的输入、检查点数的错误,或是出入库搬运造成的损失,因此一旦出入库作业次数多时,误差也会随之增加。

在确定盘点时间时,既要防止盘点时间间隔长对公司造成的损失,又要充分考虑资源的有效利用,因此最好能视物流中心各货品的性质制定不同的盘点时间,例如,在有建立商品ABC分类管理的公司,A类主要货品每天或每周盘点一次;B类货品每二、三周盘点一次;C类较不重要货品每月盘点一次即可。要注意的是,当实施盘点作业时,时程应尽可能缩短,以2～3日内完成较佳。

至于选择的日期一般会选择在:(1)财务决算前夕——因便利决算损益以及报告财务状况;(2)淡季进行——因淡季储货量少盘点容易,人力的损失相对降低,且调动人力较为便利。

3.确定盘点方法

常见的盘点方法有以下几种:

(1)按照盘点的范围不同,可以分为动态盘点、重点盘点和全面盘点。

动态盘点(又叫永续盘点),是指对发生过收、发的物品,即时核对该批物品余额是否与账、卡相符的一种盘点方法。动态盘点法有利于及时发现差错和及时处理。

重点盘点,是指对进出库频率高的或者易损耗的和昂贵的物品的一种盘点方法。

全面盘点,是指对在库物品进行全面数量清查的一种方法。通常用于清仓查库或年终盘点。其工作量大、检查内容多,是把数量盘点、质量检查和安全检查结合在一起进行。

(2)按照盘点的设备不同,可以分为人工盘点和盘点机盘点两类。

人工盘点,顾名思义,是利用人力进行盘点。

盘点机盘点法:利用盘点机(数据采集器)进行盘点。盘点机又称条码数据采集器,是将条码扫描装置与数据终端一体化,带有电池可离线操作的终端电脑设备。盘点机可采用无线和手持两种方式进行操作。

(3)按照盘点对象的不同,可以分为账目盘点和现货盘点。

账面盘点是指将每一种货品分别设账,然后将每一种货品之入库与出库情况详加记载,不必实地盘点即能随时从电脑或账册上查悉货品之存量。通常量少而单价高的货品较适合采用此方法。

现货盘点依其盘点时间频度的不同又分为期末盘点及循环盘点。期末盘点系指在期末一起清点所有货品数量的方法,而循环盘点则是在每天、每周即作少种少量的盘点,到了月末或期末则每项货品至少完成一次盘点的方法。期末盘点和循环盘点的差异可用表6-3说明。

表6-3 期末盘点和循环盘点的差异

盘点方式比较内容	期末盘点	循环盘点
时间	期末、每年仅数次	平常、每天或每周一次
所需时间	长	短
所需人员	全体动员(或临时雇用)	专门人员
盘差情况	多且发现得晚	少且发现得早
对营运的影响	须停止作业数天	无
对品项的管理	平等	A类重要货品:仔细管理 C类不重要:稍微管理
盘差原因追究	不易	容易

4.盘点人员培训

为使盘点工作得以顺利进行,盘点时必须增派人员协助进行,至于由各部门增援的人员必须组织化并且施以短期训练,使每位参与盘点的人员能恰当发挥其功能。而人员的组训必须分为两部分:(1)针对所有人员进行盘点方法的训练。其中对盘点的程序、表格的填写必须充分了解,工作才能得心应手。(2)针对复盘与监盘人员进行认识货品之训练。因为复盘与监盘人员对货品大多数并不熟悉,故而应加强货品的认识,以利盘点工作的进行。

5.清理储存场所和资料

在盘点前,对所有商品必须明确数量和类别,避免混淆。如果需要停止运营进行盘点的话,应在关闭前通知各部门相关注意事项。其次就是要储存场所整理整顿完成,以便计数盘点。可以预先鉴定呆料、废品、不良品,以便盘点时进行快速鉴定。账卡、单据、资料均应整理并结清。某些时候,需要储存场所的管理人员在盘点前应自行预盘,以便提早发现问题并加以预防。

6. 盘点工作

盘点时,因工作单调琐碎,人员较难持之以恒,为确保盘点的正确性,除人员组培训时加强宣传和教育外,工作进行期间应加强指导与监督。

7. 盘点差异分析

当盘点结束后,发现所得数据与账簿资料不符时,应追查差异的主因。着手的方向有:(1)是否因记账员素质低,致使货品数目无法报告;(2)是否因料账处理制度的缺点,导致商品数目无法报告;(3)是否因盘点制度的缺点导致货账不符;(4)盘点所得的数据与账簿的资料,差异是否在容许误差内;(5)盘点人员是否尽责,产生盈亏时应由谁负责;(6)是否产生漏盘、重盘、错盘等状况;(7)盘点的差异是否可事先预防,是否可以降低料账差异的程度;(8)盘盈、盘亏的处理意见。

差异原因追查以后,应针对主因进行适当的调整与处理,至于呆废品、不良品的部分,应该与盘亏一并处理。物品除了盘点时产生数量的盈亏外,有些货品在价格上也会产生增减,这些变化在经主管审核后,必须利用货品盘点盈亏增减更正表(表6-4)进行修改。下面是盘点单据的几张样单。

表6-4 货品盘点数量盈亏项目增减更正表

年　　月　　日

货品编号	货品名称	单位	账面资料			盘点实存			数量盈亏				价格增减				差异因素	负责人	备注
									盘盈		盘亏		增		减				
			数量	单价	金额	数量	单价	金额	数量	金额	数量	金额	单价	金额	单价	金额			

表 6-5 盘存单

日期 盘存单号码 品项号码 存放位置 数量 盘点人
日期 盘存单号码 品项号码 存放位置 数量 查核人

表 6-6 循环盘点单(异常出入库单)

循环盘点单

No._____   ____年____月____日

	项目	记号	初次	再检查	误差理由
当日库存	实际库存数	R			
	现品卡库存数	r			
	差	R－r			
	电脑库存数	K			
上月末库存	现品卡库存数	k			
	差	K－k			
	上月未作出库指示,但在次月才出库数	F			
对照公式	(R－r)－(K－k)－F				
判定	＝0 无误差,不调查 ≠0 有误差,调查				
异常出入库	过剩数	不足数	发现部门		理由

8.盘点结果处理评估

进行盘点的目的主要是希望能通过盘点来检查商品的出入库及保管状况,因而通过盘点可以解决的问题,主要包含以下常见的方面:

- 在盘点中,实存量与账面存量的差异是多少?这些差异发生在哪些品项?
- 平均每一差异量对公司损益造成多大影响?
- 每次循环盘点中,有几次确实存在误差?
- 平均每品项货品发生误差的次数是多少?

通过对这些问题和相关指标的计算和分析,可以制定具体的解决和处理方案,同时也可以进一步对后期的管理方案和方法进行审视。

项目七　商品出库管理

> **知识目标**

1. 了解出货作业基本流程；
2. 熟悉分拣作业的基本方法；
3. 熟悉补货作业基本流程；
4. 掌握退换货的基本步骤；
5. 掌握摘果式和播种式的不同拣选方法；
6. 了解应急状态下的补货作业流转程序。

> **技能目标**

1. 能够进行常规商品出货作业操作；
2. 能够开展商品补货管理作业；
3. 能够正确编制和填写出货单证；
4. 能够运用不同商品出货形态选择拣选方法。

任务一　出货作业管理

出货作业是连锁企业商品作业管理的重要环节。出货作业是指将拣取好的物品进行分类、做好出货检查、适当进行包装、做好标示、根据车辆趟次分类或厂商分类等指示将物品运至出货准备区、最后装车配送的过程。出货作业管理的主要内容可以简述为如下几个问题：根据订单进行商品分类、出货验收和检查、商品包装、商品堆码、出货信息处理、装车等。

学习任务

任务描述

X配送中心主要负责为各大超市配送商品。某连锁超市是其客户之一。A超市是某连锁超市设在高校附近的一家门店。该门店为标准超市,紧邻学生宿舍区,营业区域面积约500平方米;该超市以"物美价廉"为特色,其经营口号是"天天低价"。现X配送中心接到一批采购订单,要求订单在规定日期内配送到门店,请根据采购订单完成出货相关任务。

A超市采购订单

	商品名称	单位	单价(元)	订购数量	金额	备注
1	立新达板栗	箱	240	7	1 680	
2	蜂圣牌蜂王浆冻干粉	箱	260	11	2 860	
3	休闲牌黑瓜子	箱	110	6	660	
4	大王牌豆酶解蛋白粉	箱	420	8	3 360	
	合计			32	8 560	

任务要求

请根据采购订单制定出货单。要求:
1.按示例格式填制出库单和出库单交接表

出货单(部)

年　　月　　日　　　　　　　　　　　　　NO.

商品编码	商品名称	规格型号	单位	数量	备注

开票人　　　理货　　　主管　　　库管员　　　理货　　　签收　　　稽核员

注:一式四联,第一联库房录入员留存;第二联库管员留存;第三联理货员留存;第四联稽核员留存。每份票据印有连续号。

出货交接单

年　　月　　日　　　　　　共　　页第　　页

序号	出货单号码	页数	库管员	记账员	备注

注：1.记账员就是录入员之一
　　2.说明填制单证的相关依据。

任务分析

出货作业中涉及的主要单据是出货单和出货交接单。制定出货单要根据采购订单确认出货商品的品名、规格数量和基本类型、出货日期等相关信息，待商品出库后检查无误并逐项填制。出库交接单则是在出库当天由相关工作人员根据出货单内容填制，出库交接单上的内容必须与出货单上的内容保持一致，从而为配送中心的后期盘点提供存据。

相关知识

一、出货作业基本流程

出货作业是指将拣选的商品按订单或配送路线进行分类，再进行出货检查，做好相应的包装、标识和贴印标签工作，根据门店或行车路线等将物品送到出货暂存区，最后装车配送。出货作业包括分货作业和出货检查作业两部分。

1.分货作业

分货作业有人工分货和自动分拣两种形式。在传统配送中心一般采用人工分货方式处理，在完成商品拣选之后，将所拣选的商品根据不同的门店或配送路线进行分类，对其中需要进行包装的商品，拣选集中后，先按包装分类处理，再按送货要求分类出货。

2.出货检查作业

出货检查作业包括把拣取物品依门店、车次对象等进行商品品名、规格、号码及数量的核对,全面实施出货商品状态及品质检验。出货检查是配送中心商品的最后保障环节,因此,出货检查作业应力求准确和高效。

二、出货检查

1. 商品条码检查法

此方法最大原则是要导入条码,让条码跟着货品跑。当进行出货检查时,只将拣出货品之条码以扫描机读出,电脑则会自动将资料与出货单比对,来检查是否有数量或号码上的差异。

2. 声音输入检查法

此声音输入检查法是一项最新的技术,是由作业员发声读出货品的名称(或代号)及数量,之后电脑接收声音做自动判识,转成资料再与出货单进行比对。

3. 重量计算检查法

此法是先自动加总出货单上的货品重量,而后将拣出货品以计重器秤出总重,再将两者互相比对的检查方式。为提高效率,若能利用装有重量检核系统的拣货台车拣货,则在拣取过程中就能利用此法来做检查,拣货员每拣取一样货品,台车上的计重器则会自动显示其重量作查对,如此可完全省去事后的检查工作,效果将更佳。

三、出货堆垛

出货堆垛作业是指将物品整齐、规则地摆放成货垛的作业。良好的堆垛形式有助于节省出库时间从而提升商品出货效率。商品堆垛操作要求如下:

(1)安全。堆垛的操作工人必须严格遵守安全操作规程;使用各种装卸搬运设备,严禁超载,同时还须防止建筑物超过安全负荷量。码垛必须不偏不斜,不歪不倒,牢固坚实,以免倒塌伤人、摔坏商品。

(2)合理。不同商品的性质、规格、尺寸不相同,应采用各种不同的垛形。不同品种、产地、等级、单价的商品,须分别堆码,以便收发、保管。

(3)方便。货垛行数、层数,力求成整数,便于清点、收发作业。若过秤商品不成整数时,应分层表明重量。

(4)整齐。货垛应按一定的规格、尺寸叠放,排列整齐、规范。商品包装标志应一律朝外,便于查找。

(5)节约。堆垛时应注意节省空间位置,适当、合理安排货位的使用,提高仓容利用率。

四、条码技术在出货作业中的应用

配送中心涉及多家门店商品配送业务,处理采购订单较多,每张订单品种数也较多,如果仍采用以人工拣选来处理出货作业的方式为主,那么很难避免较高的拣选错误率,出现出货差异也很难确认。条码技术识别产品、账单和库存准确率较高,接近100%。因此,为避免或减少错误率,提高工作效率,配送中心通常采用条码技术,如图7-1所示。

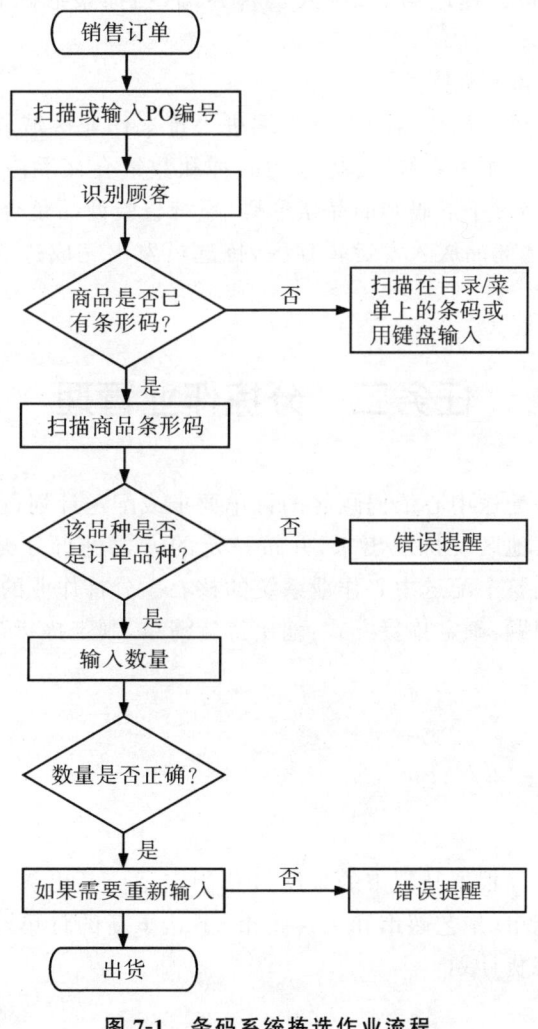

图 7-1 条码系统拣选作业流程

1.小型订单拣选

库存检查和单据准备完毕,发票和作业单应有一个订单编号。但号码必须以条形码和数字标识,如果使用 RF(射频技术),相关作业可以无纸化,拣选作业员从储位将商品移动到包装处或暂存区,在此使用扫描器扫描订单号码和每一个品种。对于太小不能贴条形码标签的品种,可以提供印有条形码的商品目录,通过与电脑的电子图像匹配,校验拣选的准确性。当传输完毕后,包装装置通知系统生成装箱单,如果单据准备不能在拣选作业前完成,拣选作业员可以提取商品,进入销售终端,扫描条形码和生成销售清单或发票。

2.大型订单和大量拣选

拣选人员使用带扫描器的手持终端进入拣选作业区域,订单已经通过下载或无线传输进入主机系统,需拣选的品种和数量会在手持终端显示。拣选员到储位,扫描储位条形码和商品条形码,系统校验商品是否被正确拣选。拣选完成后,将拣选商品放入发货暂存区,拣选员发出完成拣选的信号,电脑生成相应的单据。

任务二 分拣作业管理

分拣作业是配送中心依据顾客的订单要求或配送计划,迅速、准确地将商品从其储位或其他区位拣取出来,并按一定的方式进行分类、集中的作业过程。分拣作业是整个配送中心作业系统的核心。分拣作业的主要内容可以简述为如下几个问题:确定拣货方式,输出拣货清单,制定拣货路线等。

学习任务

任务描述

上次任务已经根据某超市的采购订单制定了商品出货订单和出货计划,现在又有两家超市(华艺超市和中百超市)下达了新的订单,请根据订单编制拣货单并制订拣货计划。

项目七 商品出库管理

中百超市福东店

	商品名称	单位	单价(元)	订购数量	金额	备注
1	诚诚油炸花生仁	箱	180	24	4 320	
2	利鑫达板栗	箱	240	10	2 400	
3	大王牌子大豆酶解蛋白粉	箱	420	8	3 360	
4	吉欧蒂亚干红葡萄酒	箱	300	9	2 700	
5	蜂圣牌蜂王浆冻干粉片	箱	260	8	2 080	
	合计		—	59	14 860	

华亿超市采购订单

	商品名称	单位	单价(元)	订购数量	金额	备注
1	大王牌子大豆酶解蛋白粉	箱	420	12	5 040	
2	利鑫达板栗	箱	240	9	2 160	
3	蜂圣牌蜂王浆冻干粉片	箱	260	8	2 080	
	合计		—	29	9 280	

任务要求

请根据采购订单进行拣货分析。要求：
1. 编制拣货单据，并说明编制的理论依据。
2. 确定拣选方法和方式。

拣货单示例

拣货单编号				用户订单编号			
用户名称							
出货时间				出货货位号			
拣货时间： 年 月 日至 年 月 日				拣货人：			
核查时间： 年 月 日至 年 月 日				核查人：			
序号	储位号码	商品号码	规格编码	包装单位			数量	备注
				箱	整托盘	单件		

任务分析

快速准确地填制拣货单是决定拣货作业成效高低的重要因素。拣货作业一般由拣货员填写，一般一张拣货单上的商品类别不宜过多，填制拣货单时，首先要根据商品在配送中心的位置、形态和数量等确定拣货方法，待商品完全拣出并初步确认无误后由拣货人根据拣货单内容逐项填制拣货单，需要注意的是，为了确认拣货准确性，须有核查人再次复核现场拣货商品后签字无误后再次确认。

相关知识

一、拣货作业内容

拣货作业是按订单或出库单的要求，从储存场所拣出物品，并放置在指定地点的作业。一般来说，拣货作业就是配送中心依据顾客的订单要求或配送计划，迅速、准确地将商品从其储位或其他区位拣取出来，并按一定的方式进行分类、集中的作业过程。在配送中心的内部作业中，拣货作业是其中极为重要的作业环节，是整个配送中心作业系统的核心，其重要性相当于人的心脏部分。

在配送中心作业成本中，分拣作业搬运成本约占 90%；在劳动密集型配送中心，与分拣作业直接相关的人力占 50%；分拣作业时间约占整个配送中心作业时间的 30%～40%。因此，合理规划与管理分拣作业，对提高配送中心作业效率和降低整个配送中心作业成本具有事半功倍的效果。

二、拣货作业基本流程

拣货作业在配送中心整个作业环节中不仅工作量大，工艺过程复杂，而且作业要求时间短，准确度高，因此，加强对拣货作业的管理非常重要。制定科学合理的分拣作业流程，对于提高配送中心运作效率及提高服务水平具有重要的意义。图 7-2 为配送中心拣货作业基本流程图。

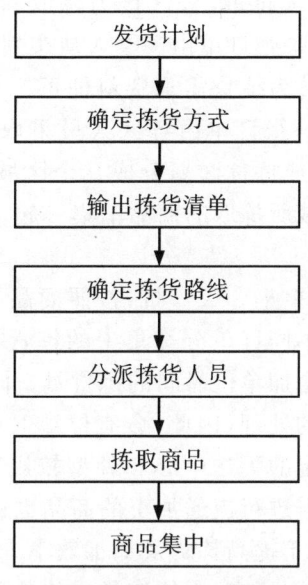

图 7-2　拣货作业流程图

1.发货计划

发货计划是根据顾客的订单编制而成。订单是指顾客根据其用货需要向配送中心发出的订货信息。配送中心接到订货信息后需要对订单的资料进行确认、存货查询和单据处理,根据顾客的送货要求制定发货日程,最后编制发货计划。

2.确定拣货方式

拣货通常有订单拣取、批量拣取及复合拣取三种方式。订单拣取是按每份订单来拣货;批量拣取是多张订单累计成一批,汇总数量后形成拣货单,然后根据拣货单的指示一次拣取商品,再进行分类;复合拣取是充分利用以上两种方式的特点,并综合运用于拣货作业中。

(1)订单拣取

订单拣取是针对每一份订单,分拣人员按照订单所列商品及数量,将商品从储存区域或分拣区域拣取出来,然后集中在一起的拣货方式。订单拣取作业方法简单,接到订单可立即拣货,作业前置时间短,作业人员责任明确。但当商品品项较多时,拣货行走路径加长,拣取效率较低。订单拣取适合订单大小差异较大,订单数量变化频繁,商品差异较大的情况,如:化妆品、家具、电器、百货、高级服饰等。

订单拣取可以分为单人拣取、分区接力拣取和分区汇总拣取几种方式。单人拣取是指订单拣取时一张订单由一个人从头到尾负责到底。此种拣货方式简单,只需将订单资料转为拣货需求资料即可。分区接力拣取是将存储或拣货区划分成几个区域,一张订单由各区人员采取前后接力方式合力完成。分区汇总拣取是将存储区或拣货区划分成几个区域,将一张订单拆成各区域所需的拣货单,再将各区域所拣取的商品汇集一起。

(2)批量拣取

批量拣取是将多张订单集合成一批,按照商品品种类别加总后再进行拣货,然后依据不同客户或不同订单分类集中的拣货方式。批量拣取可以缩短拣取商品时的行走时间,增加单位时间的拣货量。同时,由于需要订单累计到一定数量时,才做一次性的处理,因此,会有停滞时间产生。批量拣取适合订单变化较小,订单数量稳定的配送中心和外型较规则、固定的商品出货,如箱装、扁袋装的商品。其次需进行流通加工的商品也适合批量拣取,再批量进行加工,然后分类配送,有利于提高拣货及加工效率。

批量拣取的分批方式主要有:①按拣货单位分批,也就是将同一种拣货单位的品种汇总一起处理。②按配送区域路径分批,也就是将同一配送区域路径的订单汇总一起处理。③按流通加工需求分批,将需加工处理或需相同流通加工处理的订单汇总一起处理。④按车辆需求分批,也就是如果配送商品需特殊的配送车辆(如低温车、冷冻、冷藏车),或客户所在地需特殊类型车辆者可汇总合并处理。

批量拣取比较适合用户稳定而且用户数量较多的专业性配送中心,需求数量可以有差异,配送时间要求也不太严格,但品种共性要求相同。

(3)复合拣取

为克服订单拣取和批量拣取方式的缺点,配送中心也可以采取将订单拣取和批量拣取组合起来的复合拣取方式。复合拣取即根据订单的品种、数量及出库频率,确定哪些订单适用于订单拣取,哪些适用于批量拣取,分别采取不同的拣货方式。

3.输出拣货清单

拣货清单是配送中心将客户订单资料进行计算机处理,生成并打印出拣货单。拣货单上标明储位,并按储位顺序来排列商品编号,作业人员据此拣货可以缩短拣货路径,提高拣货作业效率。"拣货单"格式参考表7-1。

表 7-1　拣货单

拣货单号码：					拣货时间：			
顾客名称：					拣货人员：			
					审核人员：			
					出货日期：　　年　　月　　日			
序号	储位号码	商品名称	商品编码	包装单位	拣取数量			备注
					整托盘	整箱	单件	

4. 确定拣货路线及分派拣货人员

配送中心根据拣货单所指示的商品编码、储位编号等信息，能够明确商品所处的位置，确定合理的拣货路线，安排拣货人员进行拣货作业。

5. 拣取商品

拣取的过程可以由人工或自动化设备完成。通常小体积、少批量、搬运重量在人力范围内且出货频率不是特别高的，可以采取手工方式拣取；对于体积大、重量大的商品可以利用升降叉车等搬运机械辅助作业；对于出货频率很高的可以采取自动拣货系统。

6. 分类集中

经过拣取的商品根据不同的客户或送货路线分类集中，有些需要进行流通加工的商品还需根据加工方法进行分类，加工完毕再按一定方式分类出货。多品种分货的工艺过程较复杂，难度也大，容易发生错误，必须在统筹安排形成规模效应的基础上，提高作业的精确性。在物品体积小、重量轻的情况下，可以采取人力分拣，也可以采取机械辅助作业，或利用自动分拣机自动将拣取出来的商品进行分类与集中。

三、拣货作业的方式

1. 摘果式拣选

摘果式拣选法是针对每一份订单（即每个客户）进行拣选，拣货人员或设备巡回于各个商品储位，将所需的商品取出，形似摘果。其特点是每人每次只处理一份订单或一个客户。

应用电子显示标签进行摘果式拣选,一般要求每一品种商品(货位)对应一个电子显示标签,控制计算机系统可根据商品位置和订单数据,发出出货指示,并使货位上的电子显示标签亮灯,操作员根据电子标签所显示的数量及时、准确地完成拣货作业。

对于每张订单,拣选人员或拣选工具在各个存储点将所需物品取出,完成商品分配。该方法作业前置时间短,针对紧急需求可以快速拣选,操作容易,对机械化、自动化无严格要求,作业责任明确,分工容易、公平。但是,当订单数量、商品品项较多,拣选区域较大时,该拣选方式耗费时间长,效率低,搬运强度大。鉴于该方法的特点适合于配送中心初期阶段,采用这一拣选方式作为过渡性办法。

2.播种式拣选

播种式分拣是把多份订单(多个客户的要货需求)集合成一批,先把其中每种商品的数量分别汇总,再逐个品种对所有客户进行分货,形似播种,因此称其为播种式拣选。

应用电子显示标签的播种式分拣系统,其每个电子标签货位代表一张订单(即一个客户),操作员先通过条码扫描把将要分拣商品的信息输入系统中,需要商品的货位所在的电子标签就会亮灯,同时显示出该位置所需分货的数量。载有单一品种商品的拣货人员或设备,巡回于各个客户的分货位置,按电子标签显示数量进行分货。

把每批订单上的相同商品各自累加起来,从存储仓位上取出,集中到理货现场,然后将每一门店所需的数量取出,分放到要货单位商品运货处,直至配货完毕。

3.分区、不分区拣选

将拣选作业场地划分成若干区域,每个作业员负责拣选固定区域内的商品。无论是摘果还是播种,配合分区原则,这样可以提高工作的效率。

四、拣货策略

拣货策略是影响拣货作业效率的关键,主要包括分区、订单分割、订单分批、分类四个因素,这四个因素相互作用可产生多个拣货策略。

1.分区

分区是指将拣货作业场地进行区域划分。主要的分区原则有以下三种:

(1)按拣货单位分区。如将拣货区分为箱装拣货区、单品拣货区等,基本上这一分区与存储单位分区是相对应的,其目的在于将存储与拣货单位分类统一,以便拣取与搬运单元化。

(2)按物流量分区。这种方法是按各种商品出货量的大小以及拣取次数的多少进行分类,再根据各组群的特征,决定合适的拣货设备及拣货方式。这种分区方法可以减少不必要的重复行走,提高拣货效率。

(3)按工作分区。这种方法是指将拣货场地划分为几个区域,由专人负责各个区域的商品拣选。这种分区方法有利于拣货人员记忆商品存放的位置,熟悉商品品种,缩短拣货所需时间。

2.订单分割

当订单所订购的商品种类较多,或设计一个要求及时快速处理的拣货系统时,为了能在短时间完成拣货处理,需要将一份订单分割成多份子订单,交给不同的拣货人员同时进行拣货。要注意的是订单分割要与分区原则结合起来,才能取得较好的效果。

3.订单分批

订单分批是将多张订单集中起来进行批次拣取的作业。订单分批的方法有多种。

(1)按照总合计量分批。在拣货作业前将所有订单中订货量按品种进行累计,然后按累计的总量进行拣取,其好处在于可以缩短拣取路径。

(2)按时窗分批。在存在紧急订单的情况下可以开启短暂而固定的5或10分钟的时窗,然后将这一时窗的订单集中起来进行拣取。这一方式非常适合到达间隔时间短而平均的订单,常与分区以及订单分割联合运用,不适宜订购量大以及品种过多的订单。

(3)固定订单量分批。在这种分批方法下,订单按照先到先处理的原则,积累到一定量后即开始拣货作业。这种分批方法可以维持较稳定的作业效率。

(4)智能型分批。订单输入电脑后,将拣取路径相近的各订单集合成一批。这种方法可以有效减少重复行走的距离。

4.分类

如果采用分批拣货策略,还必须明确相应的分类策略。分类的方法主要有两种:一是在拣取商品的同时将其分类到各订单中,另一种方法是集中分类,先批量拣取,然后再分类,可以采用人工集中分类,也可以采用自动分类机进行分类。

五、物流分拣设备

常见的分拣设备有电子标签拣货系统、台车拣货系统、自动分拣系统等。

(1)电子标签拣货系统

电子标签拣货系统,其原理是:在每一物品的储存架上安装有显示灯号,用以引导拣货员到订单所需物品的所在位置。除显示灯号外,在货架上还有数字显示器显示该货品所需的数量。此外,在每一个货品存放区还安装了显示器,用以确定该区所应拣取的货品是否有遗漏;店别显示器用来显示当时作业订单所属的商店代号。

(2)台车拣货系统

台车安装有显示装置及行走控制装置,显示装置指示储存货架及应该拣取的货品数量,作业人员根据其指示进行拣取作业。拣选台车具有机动、灵活、可靠的特点。

(3)自动分拣系统

自动分拣系统能够自动按货品品种、货主、储位或发送地点对货品进行快速准确的分类,并将这些货品运送到指定地点(如指定的货架、加工区域、出货站台等)。自动分拣系统能连续、大批量、自动地分拣货品,并且分拣误差率极低。其核心设备是自动分拣机,分拣机按照结构的不同常分为挡板型、浮出型、倾斜型和滑块型。

自动分拣机工作流程分为合流、分拣信号输入、分拣和分流、分运 4 个阶段。

①合流阶段。物品通过多条输送线进入分拣系统,经过合流逐步将各条输送线上输入的物品合并于一条汇集输送机上;同时,将物品在输送机的方位进行调整,以适应分拣信息输入和分拣的要求。汇集输送机具有自动停止和启动的功能。

②分拣信号输入阶段。货品接受激光扫描器对其条形码标签的扫描,或者通过其他自动识别方式,如光学文字读取装置、声音识别输入装置等,将货品分拣信息输入计算机。货品之间保持一个固定值的间距,以保证分拣速度和精度。

③分拣和分流阶段。物品离开分拣信息输入装置后在分拣输送机上移动时,根据不同物品分拣信号所确认的移动时间,使物品行走到指定分拣道口,由该处的分拣机按照上述移动时间自行启动将物品排离主输送机送入分流滑道排出。

④分运阶段。分拣出的物品离开主输送机,再经滑道到达分拣系统的终端。分运所经过的滑道一般是无动力的,借物品的自重从主输送机上滑行下来。各个滑道的终端,由操作人员将物品搬入容器或搬入车辆。

任务三　补货及退货

对于连锁企业而言,在营业高峰前和结束营业前容易缺货,因此,门店要及时核对商品库存情况,发现商品缺货时及时进行补货。当连锁企业门店实际需求与配货供应产生差异或是产品发生品质损坏等问题时,就产生了退货流程,因此,要明确退货原因并严格按照退货流程进行操作。

学习任务

任务描述

在上次任务我们已经根据配送中心接到的多个订单编制了拣货单,制定了拣货计划。现在,配送中心又接到 2 个客户的补货订单,A 客户需白猫 1.3 kg 超能洗衣粉 1 200 箱,中华 200 g 含氟牙膏 500 箱,白诗 248 ml 负离子焗油洗发水 200 箱;B 客户需白猫 1.3 kg 超能洗衣粉 800 箱,中华 200 g 含氟牙膏 500 箱,飘柔 400 ml 润肤浴液 200 箱;现已知上述产品在配送中心是分区存放的。

任务要求

通过分析补货信息,完成以下任务:
1.根据补货信息制定补货单证。
2.制定补货计划,并以流程图表示补货的流程。

任务分析

制定补货计划主要包括三个步骤:(1)明确补货内容,包括商品品项、数量等;(2)确定补货方式和补货时机;(3)完善补货信息和相关单证。此外需要根据商品存放的位置来确定商品最后的补货方式和补货时机,在上述任务中已经明确补货商品的存放位置不同,因此,要综合考量商品的数量和体积等来最终确认各类商品的补货时机。需要注意的是,在补货作业的实际操作过程中,一样需要有商品的验收、抽检和反库等主要作业。

相关知识

一、补货作业

补货作业是将商品从仓库保管区域搬运到拣货区的工作,其目的是确保商品能保质保量按时送到指定的拣货区。

1.补货作业的基本内容

对于连锁企业而言,在门店营业高峰前和结束营业前容易缺货,因此,店长应要求店员及时发现商品缺货情况,并进行补货。补货以补满货架、端架或促销区为原则,尽量不堵塞通道,不妨碍顾客自由购物,补货时要注意保持卖场的清洁。

补货前要先对系统的库存数据进行确认,确定属于缺货时,将暂时缺货标签放置在货架上。补货品项依促销品项、主力品项、一般品项的重要等级依次补货上架。有保质期限的商品和食品必须遵循先进先出的原则。补货时要注意检查商品的质量、外包装以及条形码是否完好,价格标签是否正确。按区域依货架的顺序进行。店员可在不改变陈列位置和方法的前提下进行补货。货架补齐后,要及时清理通道的垃圾和存货,垃圾送到指定点,存货送回库存区。

2.补货方式

与拣货作业息息相关的即是补货问题。补货作业一定要小心地计划,不仅为了确保存量,也要将其安置于方便存取的位置。

(1)整箱补货:由料架保管区补货至流动棚架的动管区

此补货方式保管区采取料架储放,动管拣货区采取两面开放式的流动棚。拣货时拣货员于流动棚拣取区拣取单品放入浅箱(篮)中,而后放至于输送机运至出货区。而当拣取后发觉动管区的存货已低于水准之下则要进行补货。其补货方式为作业员至料架保管区取货箱,以手推车载箱至拣货区,由流动棚架的后方(非拣取面)补货。此补货方式较适合体积小且少量多样出货的商品。

(2)整栈补货(一):由地板堆叠保管区补货至地板堆叠动管区

此补货方式保管区采取以栈板为单位在地板平置堆叠储放,动管区亦采取以栈板为单位在地板平置堆叠储放。所不同之处在于保管区面积较大,储放货品量较多;而动管区面积较小,储放货品量较少。拣取时拣货员在拣取区拣取栈板上的货箱,放至中央输送机出货;或者,可使用堆高机将栈板整个送至出货区(当拣取大量品项时)。而当拣取后发觉动管拣取区的存货低于水准之下,则要进行补货,其补货方式为:作业员以堆高机由栈板平置堆叠的保管区搬运栈板至同样是栈板平置堆叠的拣货动管区。该补货方式较适合体积大或出货量多的货品。

(3)整栈补货(二):由地板堆叠保管区补货至栈板料架动管区

此补货方式保管区采取以栈板为单位地板平置堆叠储放,动管区则采取栈板料架储放。拣取时拣货员在拣取区搭乘牵引车拉着推车移动拣货,拣取后再将推车送至输送机轨道出货。而一旦发觉拣取后动管区的库存太低,则要进行补货,其补货方式为作业员使用堆高机到地板平置堆叠的保管区搬回栈板,送至动管区栈板料架上储放。该补货方式较适合体积中等或中量(以箱为单位)出货的货品。

(4)从料架上层到料架下层的补货

此补货方式为保管区与动管区属于同一料架,也就是将同一料架上的两手方便拣取之处(中下层)作为动管区,不容易拣取之处(上层)作为保管区。而进货时,将动管区放不下的多余货箱放至上层保管区。首先对动管拣取区的商品进行拣货,而当动管区存货低于标准之下,则利用堆高机将上层保管区的货品搬至下层动管区补货。该补货方式较适合体积不大,每品项存货量不高,且出货多属中小量(以箱为单位)的商品。

3.补货时机

补货作业的发生与否视动管拣货区的货量是否符合要求,因而要按规定及时检视动管区存量、及时将保管区的货补至动管区,以避免出现拣货中途才发觉动管区的货量不够,要临时补货影响整个出货时间。对于补货作业时机的确定有如下三种方式:

(1)批组补货

每天由计算机计算所需商品的总拣取量和查询动管区存货量后得出补货数量,从而在拣货之前一次性补足,以满足全天拣货量。这种一次补足的补货原则,较适合一日内作业量变化不大、紧急插单不多或是每批次拣取量大的情况。

(2)定时补货

把每天划分为几个时点,补货人员在时段内检查动管拣货区货架上的货品存量,若不足则及时补货。这种方式适合分批拣货时间固定且紧急处理较多的配送中心。

(3) 随机补货

指定专门的补货人员,随时巡视动管拣货区的货品存量,发现不足则随时补货。这种方式较适合每批次拣取量不大、紧急插单多以至于一日内作业量不易事先掌握的情况。

4. 补货应注意的事项

(1) 对已变质、受损、破包、受污染、过期、条码错误的商品严禁出售;

(2) 需要补货时,必须先整理排面,维持好陈列柜的清洁;

(3) 补货时要利用工具(平板车、五段车、周转箱等)进行补货,以减少体力支出,提高工作效率;

(4) 叠放在栈板上的货品,应注意重量及体积大的放在下层,体积小和易坏的放在上层,摆放整齐;

(5) 补货完毕后速将工具、纸箱等整理干净;

(6) 补货完毕后需检查价格是否与商品对应;

(7) 补货时商品要轻拿轻放,避免因重摔而影响商品质量。

二、连锁门店退货基本流程

当连锁企业门店实际需求与配送供应产生差异或是产品发生品质损坏等问题时,就产生了退货流程。通常情况下,退货是难以避免的,因此需要规范客户退货管理流程,明确退货责任和损失金额,确保每批退货产品均能得到及时、妥善的处置。

(一) 产生退货的原因

一般来说,产生退货主要有以下几方面的原因:

(1) 由于配送中心工作人员主观原因造成产品外观、外形结构、尺寸、性能和混装等不合格导致的退货。

(2) 品质原因。由检验员错检、漏检造成批量产品不合格导致的退货。

(3) 技术原因。图纸设计分解或变更错误、变更不及时,工装模具、工艺技术不成熟,包装防护设计不合理等造成的退货。

(4) 采购原因。原材料质量问题造成产品外观、外形结构、性能等不良导致的退货。

(5) 销售原因。计划下达错误、装卸及运输变形或损坏(包括产品退货时的防护不当)、计划变更、下达的订单计划未履行或未完全履行、产品使用损坏、产品改型等。

6.其他原因。对于由于销售员未及时反馈,造成呆滞时间过长导致无法认定责任的,一律视为销售部责任。

(二)退货基本流程

1.验收

验收员要根据商品部的《配送中心商品订货验收单》(有业务员签字)和门店退货单接收商品,只有票票相符后,方可进行下一步物票对应检验流程。

验收员和退货方一起进行票物相符的对应审核。《配送中心商品订货验收单》和送货单字迹模糊、涂改的一律拒收,如果验收员认为拒收会影响销售,可报商品部审批后由验收员与退货方重新填写《配送中心商品订货验收单》。

2.外包装检查

外包装检查主要检查:①各种标识是否清楚;②商品的生产日期、保质期、规格、品名及注意事项;③是否有奖品、赠品、奖券;④分清并牢记商品的防潮湿、防晒、防污染、防踏、防碎、防倒置、温度极限及堆放高度等贮存条件要求。

3.拆箱检查

拆箱检查要点在于:①检查包装箱内是否有合格证;②检查商品标签与容器是否分离、易脱落;③检查外包装箱标识与内容商品标识(包括生产日期、保质期执行标准、品名、质量、规格、数量、单位等)是否一致;④检查赠品、奖品、奖券是否齐全;⑤对严重瘪罐、胀罐、渗液、有异味异物、霉蛀、锈蚀、商标脱落、标识模糊不清、真空漏气的商品,一律拒收。

4.感官检验

感官检验主要检查:①食用商品做色、香、味、形的检查,发现异常及时检出,或送计量化验中心做必要的理化和卫生检验;日用百货商品作外观检查。②对于酒、饮料以及易碎品的检查要增加开箱的数量。

5.保质期检查

根据公司规定,对退货商品的保质期进行检查,不符合标准的通常不得退货入库。例如,一年以下(包括一年)的商品,入库日期距生产日期不得超过保质期的三分之一;保质期在一年以上的商品,入库日期距生产日期不得超过六个月,不符合上述规定的商品必须由经理签字方可入库。仓库验收员在《配送中心商品订货验收单》上必须填写商品的生产日期、保质期、规格、实收数量以及实际接货日期。

6.不符项处理

(1)商品品项不符。《配送中心商品订货验收单》与送货实物品项不一致时,如果不同部分属于新增商品,必须经商品部门同意,补办手续后方可接收。

如果不同部分不属于新增商品(除促销、畅销品外)一律按商品部《配送中心商品订货验收单》实际数量接收。

(2)品名不符。《配送中心商品订货验收单》与实物不符,除了是简全称不同或可以修改的错误外,一律按不同品项进行处理。

(3)规格、单位不符。规格、单位不符时,除可以修改的错误外,一律按不同品项予以处理。

(4)数量不符。退货数量少于退货单数量的,按实验收;退货数量多于退货单数量的(除畅销品外),多出部分一律拒收。

票据与实物不符需修改时,验收员要问明送货人原因后执行修改,并由双方签字。

7.待检

验收员未验收签字之前,所有商品均处于待检状态;送计量化验中心检验及检验结果不明确亦视为待检;待检商品要贮存在待检区内,并与其他商品有明显的区分。待检时间不得超过48小时。

8.验收签字

验收无误后,验收员必须在《配送中心商品订货验收单》上填写生产日期、保质期、实收数量(以最小销售单位计数),严禁以打"√"等方法代替数字,没有送货的必须写"0",不得空白或打"×"。规格变化的要注明最新规格。

9.信息录入

验收员在《配送中心商品订货验收单》上签字后取样品送信息员处录入,录入商品要及时装箱。然后,验收员将验收合格的商品按入库单打码。

10.其他

(1)奖品、赠品与促销品的验收按上述流程进行,并制作促销海报。

(2)验收员在验收过程中,一旦验收失误(如接错货、少接货或是接了不合格品时),要及时与商品部联系,尽量将损失追回,若不能追回,损失由仓库验收员承担。

项目八　配送优化管理

> **知识目标**
>
> 1.掌握配送中心选址设计的基本方法；
> 2.熟悉配送路线优化的基本方法；
> 3.熟悉配送运输调度的优化基本原则和方法；
> 4.熟悉配送绩效评估的基本原则；
> 5.了解配送绩效管理的标准；
> 6.熟悉配送中心 DEA 绩效评估基本方法。

> **技能目标**
>
> 1.能够运用节约里程法进行配送路线优化；
> 2.能够运用重心法进行配送中心初步选址；
> 3.能够制定合理的运输调度方案；
> 4.能够利用相关方法评价配送绩效。

任务一　连锁企业配送中心选址优化

配送中心选址优化是连锁企业配送管理中的重要环节。对一个大型的连锁经营企业而言，配送中心选址合理与否对连锁经营企业商品流转速度、成本、效益影响很大。设计合理的配送中心选址方案，可以更好地为客户服务，提高企业客户满意度，维护企业良好的形象。

学习任务

任务描述

A连锁企业在××市一共有10个连锁门店,通过在网上查阅相关资料,其中有9个是配送网点分别为图3中的B、C、D、E、F、G、H、I、J点,一个配备送中心为案例中提到的小兰工业区即图8-1中的A点,××市各网点的具体地址如表8-1所示。已知每个网点的配货量具体数值为:A点985吨,B点672吨,C点474吨,D点657吨,E点788吨,F点339吨,G点716吨,H点931吨,I点438吨,J点700吨。

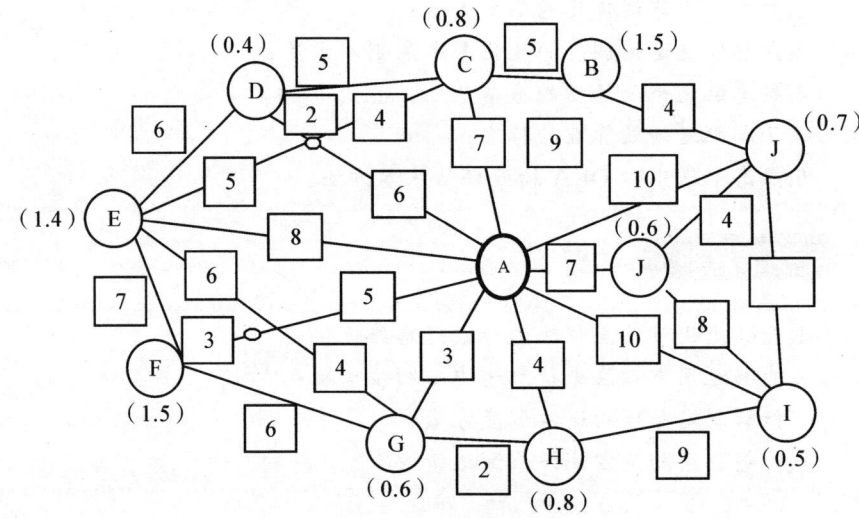

图8-1 配送网点图

表8-1 A连锁超市网点一览表

办事处	地址
A:××佳吉办事处	××市××县莲塘小兰工业区富山大道798号对面
B:洪城佳吉办事处	江西××市西湖区灌婴路828号1栋16—19号
C:××佳吉书城输办事处	××市东湖区洪北图书批发市场
D:洪城佳吉大市场办事处	江西××市洪城大市场金润三区31栋3号
E:××佳吉南莲路办事处	江西省××市南莲路669号

续表

办事处	地址
F：××佳吉昌北办事处	××市昌北经济开发区庐山大道 188 号
G：××佳吉昌东办事处	××市昌东经济开发区解放东路 1255 号
H：××佳吉高新开发区办事处	江西省××市高新开发区火炬二路万罗谢村 227 号
I：××桑海经济开发区办事处	××桑海经济开发区桑海北大道 118 号
J：李渡佳吉办事处	江西省××市进贤县李渡镇益康北大道 135 号

任务要求

请根据资料,通过在网上搜集相关资料,选定一个合适的地址作为配送中心的初定选址,为这 10 个网点进行配送。要求：

1．画出 2 维坐标图并进行标示。
2．用重心法进行计算。
3．解释编制过程及思路。

任务分析

配送中心选址设计,主要涉及对配送中心进行选址资料搜集、配送规模和配送品项等内容。重心法是一种配送中心选址比较基本的方法,依据重心法原则,在搜集相关条件后可对选址进行以下的计算：

1．建立坐标系；
2．在坐标系上标明各个配送门店的位置和数字坐标,涉及配送门店商品其他参数(比如数量)的需要进行标明；
3．依照重心坐标法的基本公式来计算重心的物理坐标；
4．得出重心(配送中心)所在的位置(以横纵坐标形式来表示)；
5．如实际区域没有可选位置可以就近原则来近似安排。

相关知识

一、配送中心选址优化原则

(一)适应性原则

连锁企业配送中心的选址须与连锁经营企业所在区域经济发展方针、政策相适应,与我国配送资源分布和需求分布相适应,与国民经济和社会发展相适应。

（二）协调性原则

配送中心的选址应将国家的物流网络作为一个大系统来考虑,使配送中心的设施设备、地域分布、物流作业生产力、技术水平等方面互相协调。

（三）经济性原则

在配送中心的发展过程中,有关选址的费用,主要包括建设费用及物流费用(经营费用)两部分。配送中心的选址定在市区、近郊区或远郊区,其未来物流活动辅助设施的建设规模及建设费用,以及运费等物流费用是不同的,选址时应以总费用最低作为配送中心选址的经济型原则。

（四）战略性原则

配送中心的选址,应具有战略眼光。一是要考虑全局,二是要考虑长远。局部要服从全局,目前利益要服从长远利益,既要考虑目前的实际需要,又要考虑日后发展的可能。

二、连锁企业配送中心选址的步骤和程序

选址时,首先要明确建立配送中心的必要性、目的和意义。然后根据物流系统的现状进行分析,制定物流系统的基本计划,确定所需要了解的基本条件,以便缩小选址范围。

1. 需要条件

它包括配送中心的服务对象——门店的现在分布情况及未来分布情况的预测、货物作业量的增长率及配送区域的范围。

2. 运输条件

应靠近铁路货运站、港口和公交车终点站等运输据点。同时也应靠近运输业者的办公地点。

3. 配送服务的条件

配送服务的条件主要包括配送中心向各门店配送的基本频率,计划配送时间、到店时间和配送范围等相关内容。

4. 用地条件

是用现有的土地还是重新取得地皮？如果重新取得地皮,那么地价有多贵,地价允许范围内的用地分布情况如何？

5. 法规制度

根据指定用地区域等法律规定,有哪些地区不允许建立配送中心？

6. 流通职能条件

商流职能是否要与物流职能分开,配送中心是否也附有流通加工的职能?如果需要,从保证职工人数和通勤方便出发,要不要限定配送中心的选址范围?

7. 其他

不同的物流类别,有不同的特殊需要。

三、收集整理资料

选址一般要通过成本计算确定。也就是将运输费用、配送费用及物流设施费用模型化,采用约束条件及目标函数建立数学公式,从中寻求费用最小的方案。但是,采用这种方法,寻求最优的选址解时,必须对业务量和生产成本进行正确的分析和判断。

1. 掌握业务量

选址时,应掌握的业务量包括如下内容:①供应商到配送中心之间的运输量;②向门店配送的货物数量;③配送中心保管的数量;④配送路线别的业务量。

由于这些数量在不同时期会有种种波动,因此,要对采用的数据水平进行研究。另外,除了对现状的各项数据进行分析外,还必须确定设施使用后的预测数值。

2. 掌握费用

选址时,应掌握的费用如下:A 为供应商至配送中心之间的运输费;B 为配送中心到门店之间的配送费;C 为与设施、土地有关的费用及人工、业务费等。

由于 A、B 两项费用随着业务量和运送距离的变化而变化,所以必须对每一吨公里的费用进行分析(成本分析)。C 包括可变费用和固定费用,最好根据可变费用和固定费用之和进行成本分析。

3. 地址筛选

在对所取得的上述资料进行充分的整理和分析,考虑各种因素的影响并对需求进行预测后,就可以初步确定选址范围,即确定初始候选地点。

4. 定量分析

针对不同情况选用不同的模型进行分析,得出结果。如对单一配送中心进行选址,就可采用重心法,对多个配送中心进行选址时,可采用奎汉·哈姆勃兹模型、鲍摩—瓦尔夫模型、Dijkstra 算法、CEIP 法等。

6. 结果评价

结合市场适应性、购置土地条件、服务质量等条件对计算所得结果进行评价,看是否具有现实意义及可行性。

7.复查

分析其他影响因素对计算结果的相对影响程度,分别赋予它们一定的权重,采用加权法对计算结果进行复查。如果复查通过,则原计算结果即最终结果;如果复查发现原计算结果不适用,则返回第3步继续计算,直至得到最终结果为止。

8.确定选址结果

在用加权复查结果后,则计算所得的结果即可作为最终的计算结果。但是所得解不一定为最优解,可能只是符合条件的满意解。

四、配送中心选址方法

配送中心选址方法有很多,比较基础和常用的方法是重心法。重心法是一个布置单个设施的方法,这种方法考虑现有设施之间的距离和运输的货物量。它经常用于中间仓库或分销仓库的选择。在最简单的情况下,这种方法假设运入和运出成本是相等的,它并未考虑在不满载的情况下增加的特殊运输费用。

重心法的思想是在确定的坐标中,各个原材料供应点坐标位置与其相应供应量、运输费率之积的总和等于场所位置坐标与供应点供应量、运输费率之积的总和。重心法中的坐标系可以随便建立,在国际选址中,经常采用经度和纬度建立坐标。

假设 $P_0(x_0, y_0)$ 表示所求设施的位置,$P_i(x_i, y_i)$ 表示现有设施(或各供应点)的位置($i=1,2,\cdots,n$),重心法中的坐标图如图8-2所示。

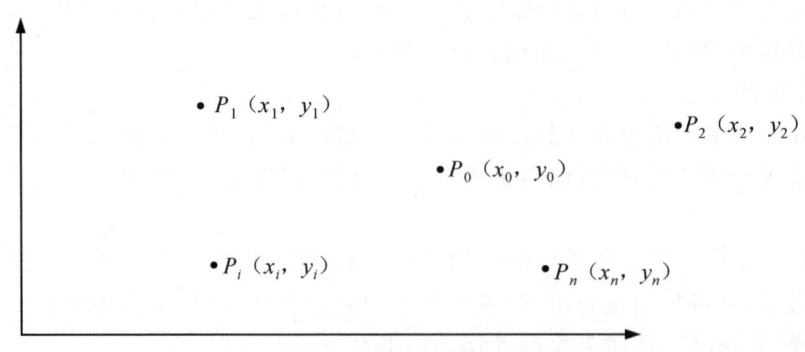

图8-2 重心法坐标图

图 8-2 中 w_i 表示第 i 个供应点的运量。若用 c_i 表示各供应点的运输费率，c_0 表示场址的运输费率，根据重心法有：

$$\sum_{i=1}^{n} x_i w_i C_i = x_0 \sum_{i=1}^{n} w_i C_0$$

$$\sum_{i=1}^{n} y_i w_i C_i = y_0 \sum_{i=1}^{n} w_i C_0$$

重心坐标为

$$x_0 = \frac{\sum_{i=1}^{n} x_i w_i C_i}{\sum_{i=1}^{n} w_i C_0} \qquad y_0 = \frac{\sum_{i=1}^{n} y_i w_i C_i}{\sum_{i=1}^{n} w_i C_0}$$

任务二　连锁企业配送路线优化

配送优化是连锁企业配送管理中的一个关键环节。在配送管理过程中，配送线路合理与否对配送速度、成本、效益影响很大。设计合理、高效的配送路线方案，不仅可以减少配送时间，降低作业成本，提高企业的效益，而且可以更好地为客户服务，提高客户的满意度，维护企业良好的形象。

学习任务

任务描述

配送中心的配送形式是传统上的仓储直达分办事处的模式，各线路之间的联系是相互独立的。独自片区配送带来了装载率不足、车辆调度不统一、配送效率不高等问题，特别是在车辆处于高峰期时，更加给配送带来了困难，从而引起客户的投诉，针对这些问题需要提出新的线路设计方案。表 8-2 是各门店最小距离表。

表8-2　各门店最小距离表

单位:公里

	A								
B	3.34	B							
C	7.31	3.13	C						
D	4.55	1.0	3.55	D					
E	1.93	2.77	5.51	3.33	E				
F	11.24	7.12	5.44	6.69	9.89	F			
G	5.15	3.00	3.50	4.00	3.24	8.85	G		
H	7.62	4.04	1.80	4.76	5.70	6.98	2.82	H	
I	8.61	4.61	1.56	5.10	6.74	5.76	4.15	1.44	I
J	4.74	7.92	10.08	8.56	5.23	15.00	6.74	9.53	10.90

任务要求

请根据上述资料,制定合理的配送路线优化图。
1.优化配送路线,并进行排序;
2.画出最终优化路径图。

任务分析

节约里程法是配送路线优化过程中常见的使用方法,其核心思想是三角形任意两边之和大于第三边,节约里程法的主要步骤包括:

1.根据配送网络条件制定各节点之间的里程表,并按由大到小顺序排序;
2.根据排序结果制定配送初始回路初始解;
3.根据节约里程表内数据由大到小对回路进行合并和优化;
4.得到进化解和新的回路;
5.返回第三步进行回路的再次合并,直至得到最终解。

相关知识

一、配送路线优化概述

(一)配送路线优化概念

配送线路优化是指对一系列的发货点和收货点,组织适当的行车路线使车辆有序地通过它们,在满足一定的约束条件下(货物需求量与发送量,车辆容量限制,行驶里程限制),力争实现一定的目标(行驶里程最短,使用车辆尽可能少)。但配送作业情况复杂多变,不仅存在配送点多、货物种类多、道路网复杂、路况多变等情况,而且运输服务地区内需求网点分布也不均匀,使得线路优化问题是一个无确定解多项式难题,需要启发算法去求得近似最优解。

(二)配送优化的意义

配送合理化与否是配送决策系统的重要内容,配送线路的合理与否又是配送合理化的关键。选择合理的配送路线,对企业和社会都具有很重要的意义。

对企业来说:(1)优化配送路线,可以减少配送时间和配送里程,提高配送效率,增加车辆利用率,降低配送成本。(2)可以加快物流速度,能准时、快速地把货物送到客户的手中,提高客户满意度。(3)配送作业安排合理化,提高企业作业效率,有利于企业提高竞争力与效益。

对社会来说,它可以节省运输车辆,减少车辆空载率,降低社会物流成本,对其他企业尤其是生产企业具有重要意义。与此同时,还能缓解交通紧张状况,减少噪声、尾气排放等运输污染,对民生和环境也有不容忽视的作用。

二、配送路线优化相关理论——节约里程算法

节约里程算法(saving algorithm)是用来解决运输车辆数目不确定的车辆路线问题(VRP),它是目前用来解决 VRP 模型最有名的启发式算法。

1. 节约里程算法核心思想

节约里程算法的核心思想是将运输问题中存在的两个回路$(0,\cdots,i,0)$和$(0,j,\cdots,0)$合并成一个回路$(0,\cdots,i,j,\cdots,0)$。在上面的合并操作中,整个运输问题的总运输距离会发生变化,如果变化后总运输距离下降,则称节约了运输距离。相应的变化值,叫作节约距离 ΔC_{ij},如式(1)所示。

$$\Delta C_{ij} = c_{i0} + c_{j0} - c_{ij} \tag{1}$$

调整过程如图 8-3 所示。

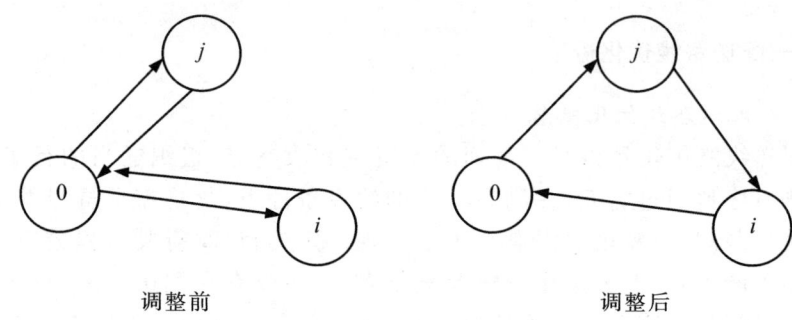

调整前　　　　　　　　　　　调整后

图 8-3　节约算法的图像描述

2.节约里程算法主要步骤

已知条件：需求点集 $N_R = \{1, 2, \cdots, n\}$，各点需求量 R_i，各点间最短距离 c_{ij}。

第一步，形成一个初始解。确定各车辆配送点集 $I_1, I_2, \cdots, I_m$，令 $I_j = \{j\}, j = 1, 2, \cdots, n$（先采取单点配送）。

第二步，进行节约度的计算。计算所有点对的节约度 ΔC_{ij}，然后对计算结果进行升序排列。

第三步，进行回路的合并。从升序排列的节约度序列中的最上面的值开始，直到节约里程 ΔC_{ij} 的队列为空为止，重复下列步骤：按照节约里程 ΔC_{ij} 队列从大到小的顺序，分析客户 i 和 j 之间合并的可能性（是否满足装载限制条件、不在同一路径内以及合并次数不超过2），将 i, j 连接起来，即可令 $I'_i = I_i \cup I_j; I_j = \varphi$。如果不是这样，则从节约里程队列中去除当前的节约里程，分析下一个客户对。

第四步，按照第三部分析所有节点回路，形成最小回路图，推算结束。

三、配送路线优化案例分析应用

示例 1：

假设配送中心向 7 个客户配送货物，其配送路线网络、配送中心与客户的距离以及客户之间的距离如图 8-4 与表 8-3 所示，图中括号内的数字表示客户的需求量（单位：t），线路上的数字表示两节点之间的距离（单位：km），现配送中心有 2 台 4 t 卡车和 2 台 6 t 卡车两种车辆可供使用。

(1) 试用节约里程法制订最优的配送方案。

(2) 设配送中心在向客户配送货物过程中单位时间平均支出成本为450元，假定卡车行驶的平均速度为 25 km/h，试比较优化后的方案比单独向各客户分送可节约多少费用。

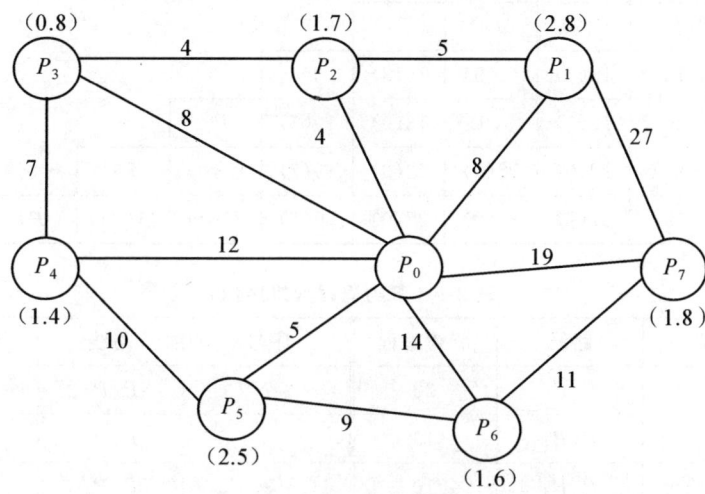

图 8-4　配送路线网络(1)

表 8-3　里程表(1)

需求量	P_0							
2.8	8	P_1						
1.7	4	5	P_2					
0.8	8	9	4	P_3				
1.4	12	16	11	7	P_4			
2.5	5	13	9	13	10	P_5		
1.6	14	22	18	22	19	9	P_6	
1.8	19	27	23	27	30	20	11(0)	P_7

表 8-4　节约里程表(1)

需求量	P_0						
2.8	8	P_1					
1.7	4	5(7)	P_2				
0.8	8	9(7)	4(8)	P_3			
1.4	12	16(4)	11(5)	7(13)	P_4		
2.5	5	13(0)	9(0)	13(0)	10(7)	P_5	
1.6	14	22(0)	18(0)	22(0)	19(7)	9(10)	P_6
1.8	19	27(0)	23(0)	27(0)	30(1)	20(4)	11(22)	P_7

表 8-5　节约里程数排序(1)

序号	路线	节约里程	序号	路线	节约里程
1	P_6P_7	22	7	P_4P_5	7
2	P_3P_4	13	8	P_1P_2	7
3	P_5P_6	10	9	P_2P_4	5
4	P_2P_3	8	10	P_1P_4	4
5	P_1P_3	7	11	P_5P_7	4
6	P_4P_6	7	12	P_4P_7	1

节省的配送时间为

$$\Delta T = \frac{\Delta S}{v} = \frac{13+8+22+10}{25} = \frac{53}{25} = 2.12(h)$$

节省的费用为：

$$P = \Delta T \times F = 2.12 \times 450 = 954(元)$$

示例 2：

设配送中心向 5 个客户配送货物,其配送路线网络、配送中心与客户的距离以及客户之间的距离如下图与下表所示,图中括号内的数字表示客户的需求量(单位:t),线路上的数字表示两结点之间的距离(单位:km),现配送中心有 3 台 2t 卡车和 2 台 4t 卡车两种车辆可供使用。

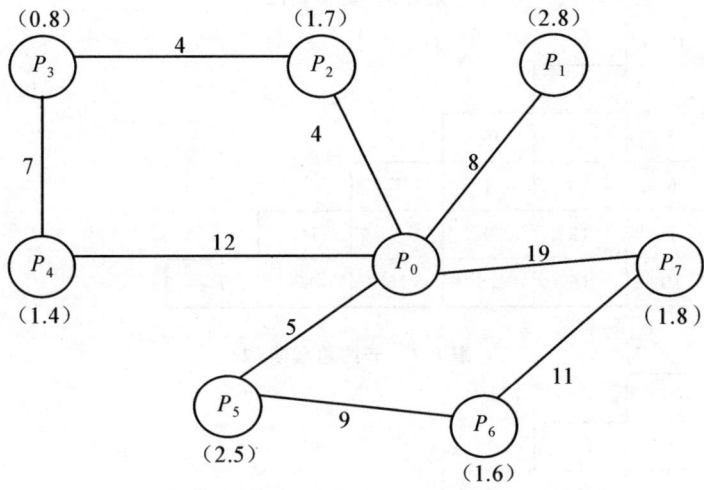

图 8-5 优化后的配送路线(1)

(1)试用节约里程法制订最优的配送方案。

(2)假定卡车行驶的平均速度为 40 km/h,试比较优化后的方案比单独向各客户分送可节约多少时间。

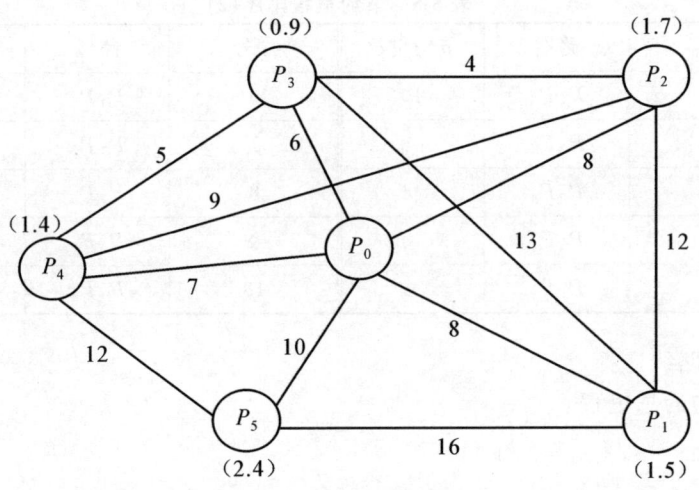

图 8-6 配送路线网络(2)

表 8-6 里程表(2)

需求量	P_0					
1.5	8	P_1				
1.7	8	12	P_2			
0.9	6	13	4	P_3		
1.4	7	15	9	5	P_4	
2.4	10	16	18	16	12	P_5

表 8-7 节约里程表(2)

需求量	P_0					
1.5	8	P_1				
1.7	8	12(4)	P_2			
0.9	6	13(1)	4(10)	P_3		
1.4	7	15(0)	9(6)	5(8)	P_4	
2.4	10	16(2)	18(0)	16(0)	12(5)	P_5

表 8-8 节约里程排序(2)

序号	路线	节约里程	序号	路线	节约里程
1	P_2P_3	10	6	P_1P_5	2
2	P_3P_4	8	7	P_1P_3	1
3	P_2P_4	6	8	P_2P_5	0
4	P_4P_5	5	9	P_3P_5	0
5	P_1P_2	4	10	P_1P_4	0

(4)路线选择

节约的总里程：

$$\Delta S = S_A + S_B = 20 (\text{km})$$

节省的配送时间为

$$\Delta T = \frac{\Delta S}{v} = \frac{20}{40} = 0.5 (\text{h})$$

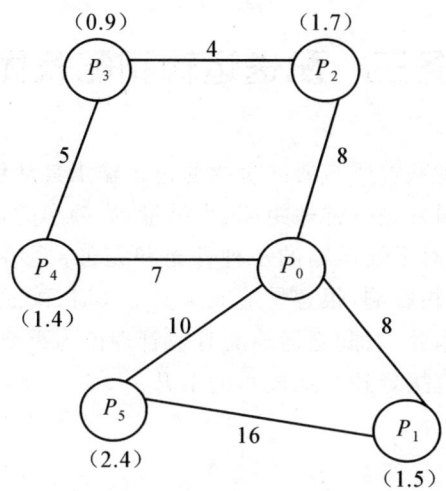

图 8-7 优化后的配送路线(2)

拓展知识

采用节约里程法的注意事项

1.适用于需求稳定的顾客。

2.对于非固定需要的顾客,采用其他途径配车,或并入有宽裕的线路中。

3.最终确定的配送线路,要有司机和现场意见。

4.调整配送线路的负荷量使其平衡。

5.充分考虑道路交通情况。

6.考虑需求的变动。

7.考虑在收货站的停留时间。

8.注意司机的休息时间和指定交货时间。

9.为找出交通情况和需求变化所造成的影响,研究采用模拟方式的可能性。

10.车辆安排程序作为大部分计算机应用程序组已很完善,对规模较大的网络,需要采用电子计算机处理。

任务三 配送运输和配载优化

配送运输是指将顾客所需要的货物通过运输工具从供应点送至顾客手中的活动。配送运输通常是一种短距离、小批量、高频率的运输形式。如果单从运输的角度看,它是对干线运输的一种补充和完善。影响配送运输效果的因素很多,各种因素互相影响,很容易造成送货不及时、配送路径选择不当、贻误交货时间等问题。因此,对配送运输的有效管理极为重要,否则不仅影响配送效率和信誉而且将直接导致配送成本的上升。

学习任务

任务描述

已知 A 企业设有 A_1、A_2、A_3 三个配送点,分别有商品 40 t、30 t、30 t,需送往四个门店 B_1、B_2、B_3、B_4,而且已知各配送点和客户点的地理位置及它们之间的道路通阻情况,可据此制出相应的交通图,如图 8-8。

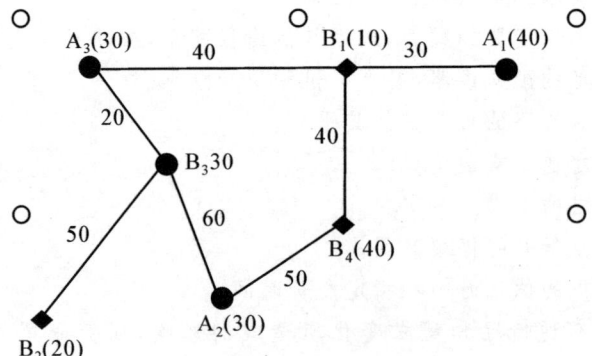

图 8-8 配送点及门店示意图

任务要求

请根据资料,通过在网上搜集相关资料,设计运输调度优化路线,为门店进行配送。要求：
1.标示出初始运输路线图，并进行调整和优化。
2.说明设计调整过程及思路。

任务分析

车辆运行调度是配送运输管理的一项重要职能，是指挥监控配送车辆正常运行、协调配送生产过程以实现车辆运行作业计划的重要手段。运输路线优化的方法有很多，比较常用的是表上作业法、Winqsb 软件求解法等。表上作业法的基本步骤是：
1.根据商品发货地到需求地编制表格，包括两点之间配送的数量和路程；
2.按配送量由小到大指定初始配送路线；
3.选取一条子回路进行参数计算并调整；
4.得到新的配送回路，计算各参数；
5.返回第三步直到得出最优回路。

相关知识

一、配送运输概述

（一）配送概念

配送运输是指将顾客所需要的货物通过运输工具从供应点送至顾客手中的活动。其间可能是从工厂等生产商的仓库直接送至客户，也可能通过批发商、经销商或由配送中心、物流中心转送至客户手中。配送运输通常是一种短距离、小批量、高频率的运输形式。如果单从运输的角度看，它是对干线运输的一种补充和完善，属于末端运输、支线运输。它以服务为目标，以尽可能满足客户要求为优先。

（二）影响配送运输的因素

影响配送运输效果的因素很多。动态因素，如车流量变化、道路施工、配送客户的变动、可供调动的车辆变动等；静态因素，如配送客户的分布区域、道路交通网络、车辆运行限制等。各种因素互相影响，很容易造成送货不及时、配送路径选择不当、贻误交货时间等问题。因此，对配送运输的有效管理极为重要，否则不仅影响配送效率和信誉而且将直接导致配送成本的上升。

(三)配送运输的特点

1.时效性

时效性即确保在客户指定的时间内交货,这是客户最重视的因素,也是配送运输服务性的充分体现。影响时效性的因素有很多,除配送车辆故障外,所选的配送线路不当、中途客户卸货不及时等均会造成时间上的延误。

2.安全性

配送运输的宗旨是将货物完好无损地送到目的地。影响安全性的因素有货物的装卸作业、运送过程中的机械震动和冲击及其他意外事故、客户地点及作业环境、配送人员的素质等。

3.沟通性

配送运输是配送的末端服务,它通过送货上门服务直接与客户接触,是与客户沟通最直接的桥梁,代表着公司形象和信誉,在沟通中起着非常重要的作用。所以,必须充分利用配送运输活动中与客户沟通的机会,巩固和提高公司的信誉,为客户提供更优质的服务。

4.方便性

配送以服务为目标,以最大限度地满足客户要求为优先,因此,应尽可能地让顾客享受到便捷的服务。通过采用高弹性的送货系统,如紧急送货、顺道送货与退货、辅助资源回收等,为客户提供真正意义上的便利服务。

5.经济性

实现一定的经济利益是企业运作的基本目标。以较低的费用,完成配送作业是企业与客户建立双赢机制加强合作的基础。所以客户的要求不仅是高质量、及时方便的配送服务,还必须提高配送运输的效率,加强成本控制与管理,为客户提供优质、经济的配送服务。

二、配送运输的基本作业程序

(一)划分基本配送区域

为使整个配送有一个可循的基本依据,应首先将门店所在地的具体位置做一系统统计,并将其作业区域进行整体划分,将每一门店囊括在不同的基本配送区域之中,以作为下一步决策的基本参考。如,按行政区域或依交通条件划分不同的配送区域,在这一区域划分的基础上再作弹性调整来安排配送。

(二)车辆配载

由于配送货物品种、特性各异,为提高配送效率,确保货物质量,在接到订单后,首先必须将货物依特性进行分类,然后分别选取不同的配送方式和运输工具,如按冷冻食品、速食品、散装货物、箱装货物等分类配载;其次,配送货物也有轻重缓急之分,必须按照先急后缓的原则,合理组织运输配送。

(三)暂定配送先后顺序

在作出确定的配送方案前,应先根据门店订单要求的送货时间将配送的先后作业次序作一概括的预订,为后面车辆积载做好准备工作。计划工作的目的,是保证达到既定的目标,所以,预先确定基本配送顺序可以既有效地保证送货时间,又可以尽可能提高运作效率。

(四)车辆安排

车辆安排要解决的问题是安排什么类型、吨位的配送车辆进行最后的送货。一般企业拥有的车辆有限,车辆数量亦有限,当本公司车辆无法满足要求时,可使用外雇车辆。在保证配送运输质量的前提下,是组建自营车队,还是以外雇车为主,则须视经营成本而定,具体如图8-9所示。曲线1表示外雇车辆的运送费用随运输量的变化情况;曲线2表示自有车辆的运送费用随运量的变化情况。当运量小于A时,外雇车辆费用小于自有车辆费用,所以应选用外雇车辆;当运输量大于A时外雇车辆费用大于自有车辆费用,所以应选用自有车辆。但无论自有车辆还是外雇车辆,都必须事先掌握有哪些车辆可以供调派并符合要求,即这些车辆的容量和额定载重是否满足要求。接下来在安排车辆之前,还必须分析订单上货物的信息,如:体积、重量、数量等对于装卸的特别要求等,综合考虑各方面因素的影响,作出最合适的车辆安排。

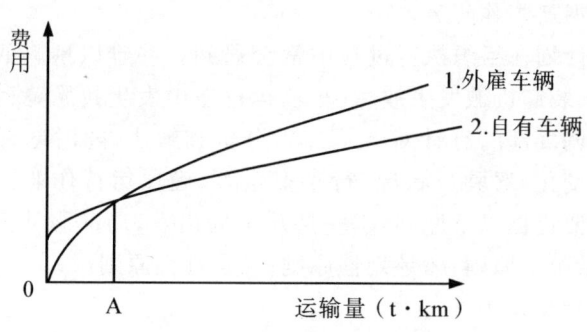

图8-9 运输量与费用示意图

(五)选择配送线路

知道了每辆车负责配送的具体门店后,如何以最快的速度完成对这些货物的配送,即如何选择配送距离短、配送时间短、配送成本低的线路,这需根据门店的具体位置、沿途的交通情况等作出优先选择和判断。除此之外,还必须考虑有些门店或其所在地的交通环境对送货时间、车型等方面的特殊要求,如不能在中午或晚上收货,有些道路在高峰期实行特别的交通管制等。

(六)确定最终的配送顺序

安排好车辆及选择最好的配送线路后,依据各车负责配送的具体门店的先后,即可将门店的最终派送顺序加以明确的确定。

(七)完成车辆积载

明确了门店的配送顺序后,接下来就是如何将货物装车,以什么次序装车的问题,即车辆的积载问题。原则上,知道了门店的配送顺序先后,只要将货物依"后送先装"的顺序装车即可。但有时为了有效利用空间,可能还要考虑货物的性质(怕震、怕压、怕撞、怕湿)、形状、体积及重量等作出弹性调整。此外,对于货物的装卸方法也必须依照货物的性质、形状、重量、体积等来做具体决定。

三、车辆运行调度

(一)车辆运行调度工作的内容

车辆运行调度是配送运输管理的一项重要的职能,是指挥监控配送车辆正常运行、协调配送生产过程以实现车辆运行作业计划的重要手段。主要包括以下内容:编制配送车辆运行作业计划;现场调度;随时掌握车辆运行信息,进行有效监督;检查计划执行情况。

(二)车辆调度工作的原则

车辆运行计划在组织执行过程中常会遇到一些难以预料的问题,如客户需求发生变化、装卸机械发生故障、车辆运行途中发生技术障碍、临时性路桥阻塞等。需要调度部门有针对性地加以分析和解决,随时掌握货物状况、车况、路况、气候变化、驾驶员状况、行车安全等,确保运行作业计划顺利进行。车辆调度工作要遵循以下原则:①坚持从全局出发,局部服从全局的原则;②安全第一、质量第一原则;③计划性原则;④合理性原则。

(三)车辆调度方法

1.经验调度法

在有多种车辆时,车辆使用的经验原则为尽可能使用能满载运输的车辆进行运输。在能够保证满载的情况下,优先使用大型车辆,且先载运大批量的货物。一般而言,大型车辆能够保证较高的运输效率和较低的运输成本。

例如:某建材配送中心,某日需运送水泥580 t、盘条400 t和不定量的平板玻璃。该中心有大型车20辆,中型车20辆,小型车30辆。各种车每日只运送一种货物,运输定额如表8-9所示：

表8-9 运输定额

车辆种类	运送水泥	运送盘条	运送玻璃
大型车	20	17	14
中型车	18	15	12
小型车	16	13	10

根据经验派车法确定,车辆安排的顺序为大型车、中型车、小型车。货载安排的顺序为：水泥、盘条、玻璃。得出派车方案如表8-10所示,共完成货运量1 080 t。

表8-10 派车方案

车辆种类	运送水泥	运送盘条	运送玻璃	车辆总数
大型车	20			20
中型车	10	10		20
小型车		20	10	30
货运量/t	580	400	100	

2.运输定额比法

以上车辆的运送能力计算每种车运送不同的定额比,如表8-11所示。

表8-11 运送定额比

车辆种类	运水泥/运盘条	装运盘条/运玻璃	运水泥/运玻璃
大型车	1∶18	1∶21	1∶43
中型车	1∶2	1∶25	1∶5
小型车	1∶23	1∶3	1∶6

四、配送车辆装载技术

(一)影响配送车辆装载因素

影响配送车辆装载的因素主要有以下几点：

1.货物特性因素,如轻泡货物吨位利用率降低。

2.货物包装情况,如车厢尺寸不与货物包装容器的尺寸成整数倍关系,则无法装满车厢。

3.不能拼装运输,比如有些危险品必须减载运送才能保证安全。

4.由于装载技术的原因,造成不能装足吨位。

(二)车辆装载的原则

车辆装载的原则有很多,主要包括:(1)轻重搭配的原则,即将重货置于底部,轻货置于上部,避免重货压坏轻货,并使货物重心下移。(2)大小搭配的原则。(3)货物性质搭配原则。拼装在一个车厢内的货物,其化学性质、物理属性不能互相抵触;到达同一地点的适合配装的货物应尽可能一次装载。(4)确定合理的堆码层次及方法原则。可根据车厢的尺寸、容积,货物外包装的尺寸来确定。(5)先送后装原则。(6)装货安全原则。货与货之间,货与车辆之间应留有空隙并适当衬垫。装货完毕,应在门端处采取适当的稳固措施,以防开门卸货时货物倾倒造成货损。不管是哪种原则,其最终目的都是要保证商品装载的安全性和配送科学与高效。

(三)提高车辆装载效率的具体办法

为提高车辆装载效率,配送中心在装载时,应充分考虑以下要素:

(1)研究各类车厢的装载标准,根据不同货物和不同包装体积的要求,合理安排装载顺序,努力提高装载技术和操作水平,力求装足车辆核定吨位。

(2)根据门店所需要的货物品种和数量,调派适宜的车型承运。

(3)凡是可以拼装运输的,尽可能拼装运输,但要注意防止差错。

(四)配送车辆装载与卸载

1.装卸的基本要求

装卸基本要求主要包括:装车前应对车厢进行检查和清扫;确定最恰当的装卸方式;合理配置和使用装卸机具;力求减少装卸次数;防止货物装卸时的混杂、散落、漏损、砸撞;装车的货物应数量准确,捆扎牢靠,做好防丢措施;卸货时应清点准确、码放、堆放整齐,标志向外,箭头向上;提高货物集装化或散装化作业水平,以及做好装卸现场组织工作等各项相关内容。

2.装车堆积

装车堆积的方式有行列式堆码方式和直立式堆码方式。在堆积时应注意:堆码方式要有规律、整齐,堆码高度不能太高。货物在横向不得超出车厢宽度,前端不得超出车身,后端不得超出车厢的长度为:大货车不超过 2 m;载重量 1 000 kg 以上的小型货车不得超过 1 m;载重量 1 000 kg 以下的小型货车不得超过 50 cm。堆码时应重货在下,轻货在上;包装强度差的应放在包装强度好的上面;货物应大小搭配,以利于充分利用车厢的载容积及核定载重量;按顺序堆码,先卸车的货物后码放。

3.绑扎

绑扎主要要考虑绑扎原则和绑扎形式。绑扎原则主要有:绑扎端点要易于固定而且牢靠;可根据具体情况选择绑扎形式;应注意绑扎的松紧度,避免货物或其包装损坏。绑扎的形式主要有:单件捆绑;单元化、成组化捆绑;分层捆绑;分行捆绑和分列捆绑等多种形式。具体采用何种形式要视具体情况做决定。

任务四 配送绩效分析

配送绩效分析是考核连锁经营服务企业综合服务能力的重要指标,有助于连锁企业配送中心分析制约其发展的关键能力要素,通过制订和实施适当的物流发展战略有针对性地加以完善,使连锁企业以较低的投入获得更具优势的运营绩效。因此研究配送中心绩效有着非常重要的意义。

学习任务

任务描述

麦当劳在台湾的配送中心全部采用了统一的自动化生产线,制造区与熟食区加以区隔,厂区装设空调与天花板,以隔离落尘,易于清洁,应用严格的食品与作业安全标准。在专门设立的加工中心,物流服务商为麦当劳提供所需的切丝、切片生菜及混合蔬菜,拥有生产区域全程温度自动控制、连续式杀菌及水温自动控制功能的生产线,生产能力为每小时1 500公斤。

麦当劳利用该配送中心,为其各个餐厅完成订货、储存、运输及分发等一系列工作,使得整个麦当劳系统得以正常运作,通过它的协调与连接,使每一个供应商与每一家餐厅配送畅通,关系和谐,为麦当劳餐厅的食品供应提供最佳的保证。

目前,该配送中心在北京、上海、广州都设立了食品分发中心,同时在沈阳、武汉、成都、厦门建立了卫星分发中心和配送站,与设在香港和台湾的分发中心一起,斥巨资建立起全国性的服务网络。在该配送中心配有先进的装卸、储存、冷藏设施,5到20吨多种温度控制运输车40余辆,中心还配有电脑调控设施用以控制所规定的温度,检查每一批进货的温度。"物流配送中的浪费很多,不论是人的浪费、时间的浪费还是产品的浪费都很多。而我们是靠信息系统的管理来创造价值。"该配送中心的平均库存远远低于竞争对手,麦当劳物流产品的损耗率也仅有万分之一。"全国真正能够在快餐食品达到冷链物流要求的只有麦当劳。"

任务要求

请根据资料,通过在网上搜集相关资料,对该配送中心运营进行初步绩效评价:

1.说明该配送中心的运作满足了哪几项主要原则?为什么?

2.如果运用DEA对该配送中心进行绩效评价,需要进行哪几个方面的资料搜集,具体应该如何做?为什么?

3.请依据提供的资料,结合网络和其他搜索平台,以小组为单位对该配送中心进行绩效评价并形成初始报告。

任务分析

配送中心绩效评估,主要涉及对配送中心进行相关资料搜集,确定评价原则,制定评价方法等。本任务中涉及的麦当劳配送中心绩效分析中,具体按照以下步骤实施:

1.搜集麦当劳配送中心运营的基础数据,包括配送中心日吞吐量、配送频次等;

2.根据DEA方法搜集相关数据和信息,并用权重或权差说明各要素之间的关联程度;

3.采用绩效评价模型中的要素,针对配送中心运营现状进行分类评价;

4.汇总各分类指标,得出综合结果。

相关知识

一、设计物流配送中心绩效评价体系的原则

物流绩效评价指标的建立,应能从静态和动态两方面综合反映物流活动,从投入和产出的角度反映物流的效率和效益。因此,在设计物流绩效评价体系时要遵循以下原则。

(1)科学性原则。指评价体系的设计要符合物流活动的客观规律,评价的

方法、内容要和评价体系相适应,能够获得客观、真实的评价结果。

(2)整体性原则。指评价体系能综合全面地评价物流绩效,把影响经营效益和效果的所有因素都作为评价范围。

(3)目的性原则。指评价体系的总体框架要围绕提高经济效益和生产率的目的而建立。对储存、加工、包装、装卸等物流的静止状态遵循少停留、少耗费的原则,对搬运、运输等物流的流动状态要遵循距离短、时间快、费用省的原则。

(4)可行性原则。指评价体系的设计要充分考虑资料的可得性,确保绩效评价工作操作简单,便于推广使用。

(5)责权利相结合的原则。指物流绩效评价的结果要用于物流系统的改善,用于责任人或单位的奖惩和晋升。

二、物流配送中心绩效评价的步骤

物流绩效评价体系的构建过程是保障评价体系合理性的关键,因此一个完整的物流绩效评价体系应包括 8 个步骤,即:

(1)确定评价工作实施机构,选聘有关专家组成专家咨询组;

(2)制定评价工作方案,确定评价要素及制定具体的绩效量化指标;

(3)收集并整理基础资料和数据;

(4)评价计分,运用计算机软件计算评价指标的实际分数,评估每一评价要素的实际绩效;

(5)评价分析,分析实际绩效与目标值之间的差异;

(6)改进措施,确定欲采取的必要纠正措施;

(7)撰写评价报告,包括评价结果、评价分析、评价结论及相关附件;

(8)对评价工作进行总结。

三、建立基于 DEA/AHP 的两阶段分析模型

DEA(data envelopment analysis,数据包络分析)是以相对效率概念为基础的一种效率评价方法。结合现代物流管理系统的特点,DEA 方法在测算物流中心绩效上是可行的,并具有很大的优势。

(1)物流中心的物流系统是一个多目标的复杂的动态系统,而 DEA 方法具有对多输入—多输出结构复杂系统的适应性。

(2)对物流中心绩效评价需要从不同侧面,用多个指标加以描述,这些指标的量纲往往是不统一的,DEA 方法则无须考虑量纲同一化问题。

(3) 在物流成本与门店服务之间存在明显的"效益背反"现象,这就要求各子系统要体现出规模收益,进而使整体物流系统体现出规模收益,DEA方法中的C2R模型则具有分析物流系统规模收益的特征。

(4) DEA方法可分析物流中心的绩效评价结果,了解影响物流技术有效及非有效的主要因素,同时可通过分析调整改进非有效的指标数值,为今后物流中心的决策管理提供依据。

DEA简单地将评价单元分为两类:有效的和非有效的,而不能按同一尺度将所有的评价单元排序。但在实际中仅把评价单元分为两组是不够的,还常常需要将所有的评价单元排序。实现全排序的方法有很多,如公共权重法、设定输入输出的比率法、有效单元的排序法、交叉系数矩阵法、多目标决策法、层次分析法(AHP)。

其中,AHP(analytic hierarchy process,层次分析法)是通过计算比较矩阵的特征向量得到同一层次各元素对于上一层次同一单元的相对重要性,然后再按照从底层依次向上的顺序,计算综合重要度,最后得到各备选方案(决策单元)的排序值。它作为一种综合评价方法,反映了决策者偏好,而且由于成对的比较矩阵是决策者主观设定的,因此存在相对的稳定性。但是,由于AHP需要计算许多成对备选方案,因此会出现判断不准确或失误的现象。

为避免了DEA和AHP两种方法的局限性和不足,目前国内一些物流专家提出了将DEA/AHP模型分两个阶段进行物流的绩效分析。第一阶段是就物流中心需评价的决策单元构造输入—输出矩阵,并运用DEA方法进行有效性分析;第二阶段则是根据第一阶段的计算结果,创建AHP判断矩阵,并对所有有效的决策单元进行排序。

知识拓展

连锁企业配送合理化

1. 配送合理化标志

对于配送合理化与否的判断,是配送决策系统的重要内容,目前国内外尚无一定的技术经济指标体系和判断方法,按一般认识,有以下若干标志:

(1) 库存标志。库存是判断配送合理与否的重要标志。具体指标有以下两方面:①库存总量。配送中心库存数量加上各用户在实行配送后库存量之和应低于实行配送前各用户库存量之和。②库存周转。由于配送企业的调剂作用,以低库存保持高的供应能力,库存周转一般总是快于原来各企业库存周转。此外,从各个用户角度进行判断,各用户在实行配送前后的库存周转比较,也是判断合理与否的标志。

(2)资金标志。总的来讲,实行配送应有利于资金占用降低及资金运用的科学化。具体判断标志有:①资金总量。用于资源筹措所占用流动资金总量,随储备总量的下降及供应方式的改变必然有一个较大的降低。②资金周转。所以资金周转是否加快,是衡量配送合理与否的标志。

③资金投向的改变。资金分散投入还是集中投入,是资金调控能力的重要反映。实行配送后,资金必然应当从分散投入改为集中投入,以能增加调控作用。

(3)成本和效益。总效益、宏观效益、微观效益、资源筹措成本都是判断配送合理化的重要标志。

(4)供应保证标志。实行配送,各用户的最大担心是害怕供应保证程度降低,这是个心态问题,也是承担风险的实际问题。配送的重要一点是必须提高而不是降低对用户的供应保证能力,才算实现了合理。

(5)社会运力节约标志。末端运输是目前运能、运力使用不合理,浪费较大的领域,因而人们寄希望于配送来解决这个问题。这也成了配送合理化的重要标志。

(6)用户企业仓库、供应、进货人力物力节约标志。配送的重要观念是以配送代劳用户;因此,实行配送后,各用户库存量、仓库面积、仓库管理人员减少为合理;用于订货、接货、搞供应的人应减少才为合理。真正解除了用户的后顾之忧,配送的合理化程度则可以说是一个高水平了。

(7)物流合理化标志。配送必须有利于物流合理化。这可以从以下几方面判断:

①是否降低了物流费用;②是否减少了物流损失;③是否加快了物流速度;④是否发挥了各种物流方式的最优效果;⑤是否有效衔接了干线运输和末端运输;⑥是否不增加实际的物流中转次数;⑦是否采用了先进的技术手段。

2.配送合理化可采取的做法

(1)推行一定综合程度的专业化配送。通过采用专业设备、设施及操作程序,取得较好的配送效果并降低配送过分综合化的复杂程度及难度,从而追求配送合理化。

(2)推行加工配送。通过加工和配送结合,充分利用本来应有的这次中转,而不增加新的中转求得配送合理化。同时,加工借助于配送,加工目的更明确,和用户联系更紧密,更避免了盲目性。

（3）推行共同配送。通过共同配送，可以以最近的路程、最低的配送成本完成配送，从而追求合理化。

（4）实行送取结合。配送企业与用户建立稳定、密切的协作关系，配送企业不仅成了用户的供应代理人，而且承担用户储存据点，甚至成为产品代销人，在配送时，将用户所需的物资送到，再将该用户生产的产品用同一车运回。这种送取结合，使运力充分利用，也使配送企业功能有更大的发挥，从而追求合理化。

（5）推行准时配送系统。准时配送是配送合理化重要内容。配送做到了准时，用户才有资源把握，可以放心地实施低库存或零库存，可以有效地安排接货的人力、物力，以追求最高效率的工作。另外，保证供应能力，也取决于准时供应。从国外的经验看，准时供应配送系统是现在许多配送企业追求配送合理化的重要手段。

（6）推行即时配送。即时配送是最终解决用户企业担心断供之忧，大幅度提高供应保证能力的重要手段。即时配送是配送企业快速反应能力的具体化，是配送企业能力的体现。即时配送成本较高，但它是整个配送合理化的重要保证手段。此外，用户实行零库存，即时配送也是重要手段保证。

项目九　连锁企业采购与配送新趋势

随着社会经济的不断发展和新技术的不断出现,连锁企业采购配送也出现了一些新的发展趋势。其中在采购方面,JIT采购、电子采购、供应链采购引起越来越多的重视;在配送方面,扩大配送规模,开展生鲜食品冷链配送、代理配送等方面也受到很多关注。

一、连锁企业采购新趋势

(一)JIT采购

1.JIT采购含义

JIT采购,即准时化采购,它的基本思想是:把合适的数量、合适的质量的物品、在合适的时间供应到合适的地点,最好地满足用户的需要。通常而言,JIT采购表现为如下几点:

①与传统采购面向库存不同,准时化采购是一种直接面向需求的采购模式。它的采购送货是直接送到需求点(如配送中心或门店);

②连锁企业需要什么,供应商就送什么,品种规格符合需要;

③连锁企业需要什么质量,供应商就送什么质量,品种质量符合需要,拒绝次品和废品;

④连锁企业需要多少,供应商就送多少,不少送,也不多送;

⑤连锁企业什么时候需要,供应商就什么时候送货,不晚送,也不早送,非常准时;

⑥连锁企业在什么地点需要.供应商就送到什么地点。

2.实施JIT采购的条件

(1)采用较少的供应商,甚至单源供应

单源供应指的是对某一种商品只从一个供应商那里采购。JIT采购认为,最理想的供应商的数目是每一种商品只有一个供应商。从理论上讲,采取单源供应时,可以使供应商获得内部规模效益和长期订货,有利于降低采购成本;同时有利于加强供需之间建立长期稳定的合作关系。

从实际工作中看,许多企业不是很愿意成为单一供应商。原因很简单:一方面,供应商是具有较强独立性的商业竞争者,不愿意把自己的成本数据披露给第三方;另一方面是供应商不愿意成为连锁企业的一个产品库存点,实施JIT采购,需要减少库存,但库存成本原先是在连锁企业一边,现在转移到供应商。连锁企业必须意识到供应商的这种忧虑。

(2)小批量多批次订货

小批量采购是JIT采购的一个基本特征。连锁企业要在消除库存的同时保证商品供应,不出现缺货,必然要采取小批量多批次的订货方式。但是,小批量多批次必然增加供应商的运输次数和运输成本。在这种情况下实施JIT采购的难度就更大。解决这一问题的方法有四种:一是使供应商在地理位置上靠近制造商;二是供应商在制造商附近建立临时仓库,实质上,这只是将负担转嫁给了供应商,并未从根本上解决问题;三是由一个专门的承包运输商或第三方物流企业负责送货,按照事先达成的协议,搜集分布在不同地方的供应商的小批商品,按时按量送到连锁企业;四是让一个供应商负责供应多种商品。

(3)综合评价供应商

能否选择到合格的供应商是JIT采购能否成功实施的关键。合格的供应商具有较强的供应能力和较高的管理水平,可以保证所采购商品的准时按量供货。因此,在选择供应商时,需要对供应商进行综合的评价,而非单纯依靠供应价格进行评价。评价标准应包括经营规模、商品质量、交货期、价格、应变能力、管理能力、地理位置等。

(4)较高的交货准时性

JIT采购的一个重要特点是要求交货准时,这是实施准时生产的前提条件。交货准时取决于供应商的库存与运输两大因素。对供应商来说,要使交货准时,可从以下两个方面着手:一方面,不断提高企业管理水平,加强库存管理,减少经营不稳定导致延迟交货现象。供应商同样应该采用准时化的管理模式,以提高自身供应的准时性。另一方面,为了提高交货准时性,运输问题不可忽视,供应商必须进行有效的运输计划与管理,使运输过程准确无误。

(5)从根源上保障采购质量

实施JIT采购后,连锁企业的商品库存很少甚至为零。因此,为了保障连锁企业经营的顺利进行,采购商品的质量必须从根源上抓起。也就是说,购买商品的质量保证,应由供应商负责,而不是连锁企业的采购部门。JIT采购就是要把商品质量控制的责任返回给供应商,从根源上保障采购质量。为实现这点,连锁企业应帮助供应商提高技术能力和管理水平,并邀请供应商参与商品供应方案的制定和新品开发过程。

(6)对信息交流的需求加强

JIT采购要求供应与需求双方信息高度共享,以保证供应与需求信息的准确性和实时性。连锁企业与供应商在销售计划、库存管理、促销安排等各方面的信息都可以及时进行交流,以便出现问题时能够及时处理。只有供需双方进行可靠而快速的双向信息交流,才能保证所需的商品能够按时按量供应。同时,充分的信息交换可以增强供应商的应变能力。

3.JIT采购实施步骤

(1)创建JIT采购小组

专业化的高素质采购队伍对实施准时化采购至关重要。首先应成立两个班组,一个是专门处理供应商事务的班组,该班组的任务是认定和评估供应商的信誉、能力,或与供应商谈判签订JIT订货合同,向供应商发放免检签证等,同时要负责供应商的培训与教育。另外一个班组是专门从事消除采购过程中浪费的班组。

(2)制订计划

根据JIT采购策略制订采购计划,改进当前的采购方式,减少供应商的数量、正确评价供应商、向供应商发放签证等内容。在这个过程中,要与供应商一起商定准时化采购的目标和有关措施,保持经常性的信息沟通。

(3)精选少数供应商,建立伙伴关系

选择供应商应从这几个方面考虑:产品质量、供货情况、应变能力、地理位置、企业规模、财务状况、技术能力、价格、与其他供应商的可替代性等。

(4)进行试点工作

先从某种商品开始试点,在试点过程中,取得连锁企业各个部门的支持是很重要的,特别是营运部门的支持。通过试点,总结经验,为正式实施准时化采购打下基础。

(5)搞好供应商的培训,确定共同目标

准时化采购是供需双方共同的业务活动,单靠采购部门的努力是不够的,需要供应商的配合。只有供应商也对准时化采购的策略和运作方法有了认识和理解,才能获得供应商的支持和配合,因此需要对供应商进行教育培训。

(6)向供应商颁发产品免检合格证书

准时化采购和传统的采购方式的不同之处在于买方不需要对采购产品进

行比较多的检验手续。要做到这一点,需要供应商提供百分之百的合格产品,当其做到这一点时,即发给免检手续的免检证书。

(7)实现配合 JIT 采购的交货方式

JIT 采购的最终目标是实现企业商品供应准时化,为此,要实现从预测的交货方式向准时化适时交货方式转变。

(8)继续改进,扩大成果

准时化采购是一个不断完善和改进的过程,需要在实施过程中不断总结经验教训,从降低运输成本、提高交货的准确性和产品的质量、降低供应商库存等各个方面进行改进,不断提高准时化采购的运作绩效。

(二)电子采购

1.电子采购的含义

电子采购是在电子商务环境下的采购模式,也就是网上采购。通过建立电子商务交易平台,发布采购信息,或主动在网上寻找产品、供应商,然后通过网上洽谈、比价、网上竞价实现网上订货,甚至网上支付货款,最后通过网下物流过程进行商品配送,完成整个交易过程。

2.电子采购的优势

(1)扩大采购选择范围

电子采购的信息交流和管理是建立在互联网基础上的,互联网信息的海量化意味着连锁企业采购部门可以便捷地搜寻和收集大量的商品供应信息,可以接触和联系更多的供应商,从而增加了采购的选择余地。

(2)节约采购成本

电子采购过程中采购信息的数字化和电子化、数据传输的自动化,可以降低采购过程的交易成本,并可以有效缩短采购周期;同时通过网络比价,可以获取更多的有关商品的各种信息,在一定程度上减少了因信息不对称导致采购成本偏高的现象。

(3)优化采购流程

采购流程的电子化不是用计算机和网络技术简单替换原有的方式方法,而是要依据更科学的方法重新设计采购流程。在这个过程中,围绕信息的快速传递和共享,连锁企业与供应商合作对采购过程进行重组,以更好地服务于连锁企业门店销售。

(4)规范对供应商的评价管理

电子采购过程中,采购数据可以完整记录到供应商数据库中,减少了人情、关系、回扣等因素的影响,方便对供应商的公开、公平、公正的评价,可以促进供应商重视质量和服务管理。同时,供应商数据库也为供应商选择提供了决策支持。

(5)提高市场透明度

电子采购信息可以在连锁企业与供应商之间共享,也可以在众多供应商之间共享,使供需之间的信息更加透明。这可以促进供应商的公平竞争,减少传统采购中的人情、关系等因素影响。

3.电子采购的实施

连锁企业实施电子采购,通常包括如下几个步骤:

(1)组建项目小组。电子采购项目小组应由高层管理者直接领导,其成员包括项目实施过程中所涉及的各个部门的人员,包括信息、采购、配送中心、营运等部门,甚至包括互联网服务提供商、应用服务提供商、供应商等外部成员。

(2)建立电子采购网站。这是电子采购的基础平台。网站的内容包括两大部分,其一是提供给供应商的内容,主要有网站任务阐述、公司地址、采购目录、供应商信息及注册过程、供应商政策、标准形式的文档、帮助信息等。其二是内部人员访问内容,主要有内部政策和程序、与内部目录和供应商目录的链接、完整的合同、采购申请信息和工具等。

(3)网站信息发布。连锁企业发布招标书或招标公告,详细说明对商品的要求,包括质量、数量、时间、地点等,对供应商的资质要求等。也可以通过搜索引擎寻找供应商,向他们发送电子邮件,广泛收集报价信息。

(4)对供应商的评估。供应商登陆连锁企业网站,进行网上资料填写和报价。连锁企业首先对供应商进行初步筛选,收集标书或进行贸易洽谈;然后按照预先规定的流程对供应商进行评比选择。

(5)签订合同和实施。在网上公布中标单位和价格,如有必要,对供应商进行实地考察后签订采购合同。中标供应商按照采购订单送货,连锁企业按约定付款结算。

(三)供应链采购

1.供应链的概念

根据中华人民共和国国家标准《物流术语》,供应链的定义为:在生产及流通过程中,涉及将产品或服务提供给最终用户活动的上游与下游企业所形成的网链结构。美国生产与库存控制协会把供应链定义为:(1)供应链是从原材料供应直至最终成品消费,联系供应商与用户的整个流程;(2)供应链涵盖企业内部和外部的各项功能,这些功能形成了向消费者提供产品或服务的价值链。

供应链采购是一种供应链机制下的采购模式。对连锁企业而言,采购商品时仅需把自己的需求信息向供应商及时传递,由供应商根据企业的需求信息,预测未来的需求量,并根据这个预测需求量制定自己的生产计划和送货计划。供应链采购与传统采购的区别见表9-1。

表9-1 供应链采购与传统采购的区别

项目	供应链采购	传统采购
采购性质	基于需求的采购	基于库存的采购
	供应方主动,需求方无采购操作的采购方式	需求方主动,需求方全采购操作的采购方式
	合作型采购	对抗型采购
采购环境	友好合作环境	对抗性环境
信息关系	信息传输、信息共享	信息不通,信息保密
库存关系	供应商掌握库存	需求方掌握库存
	需求方可以不设仓库,零库存	需求方设立仓库,高库存
送货方式	供应商小批量多频次连续补充货物	大批量少频次进货
双方关系	供需双方关系友好	供需双方关系敌对
	责任共担、利益共享、协调性配合	责任自负、利益独享、互斥性竞争
商品检验	免检	严格检查

2.供应链采购实施

连锁企业实施供应链采购,应做好如下各项基础性工作。

(1)信息基础建设

为实现供应链采购,连锁企业要开发信息管理系统,建立自己的电子商务网站,建设信息传输系统,还要进行标准化、信息化的基础建设,如POS系统、EDI系统或其他数据传输系统、各种编码系统等。

(2)供应商基础建设

连锁企业供应链采购的实施离不开供应商的支撑和推动,只有双方建立起互惠互利、共荣共存的战略伙伴关系,才能推动供应链采购的良性运转。连锁企业首先要选择合适的供应商,然后对供应商进行有效管理,把供应商纳入企业的发展规划中,以建立一种长期、稳定的合作关系。

(3)物流基础建设

物流基础包括供应链各企业内部和企业之间的物流基础建设,如仓库布点、仓库管理、运输通道、运输工具、搬运工具、货箱设计、物流网络等。还包括一些物流技术,如条码系统、自动识别、计量技术、标准化技术等。

(4)采购基础建设

采购基础包括供应商管理库存、数据共享机制、自动订货机制、准时化采购机制、结算机制、利益分配机制和安全机制等。

做好上述基础性工作,形成一定的规范,就可以开展供应链采购工作。需要指出的是,与传统采购不同的是,供应链采购是订单驱动的采购,供应商的订单是在连锁企业需求订单的驱动下产生的。此时采购部门的主要职责是沟通销售与供应部门之间的联系,协同销售与供应之间的关系,为实现准时化、精细化采购提供保障;采购的重点在于协调销售计划、采购计划、供应计划的执行,使各类计划保持同步。

二、连锁企业配送新趋势

(一)国内连锁企业物流配送模式发展现状

1.我国连锁企业配送模式呈多元化发展

随着经济的快速发展,竞争的日益激烈,我国连锁企业对于选择适合企业自身的物流配送越来越重视,目前我国连锁业的物流配送模式表现出多元化发展的趋势。其中,相当一部分相对比较有实力的连锁企业为了将物流建设作为今后企业发展的战略,选择自建物流配送中心。现在委托第三方物流企业进行物流配送的企业也大大增加。还有大量的连锁企业由于门店数量以及企业规模、实力的原因,采用供应商直接供货,这其中包括进入中国市场的国外知名大型超市。

2.不同企业物流水平差异明显

由于我国连锁企业的情况各不相同,包括大型集团、中小型连锁企业以及大型外资企业,因此其物流水平参差不齐。据统计,北京超市通过自营配送系统运送商品的比例很低,没有一个企业的配送中心对各店经营的商品实行100%统一配送,少数企业的统一配送率在50%左右,最好的在80%~90之间,多数在60%~70%之间,差距明显。其他中小城市或边远地区的连锁零售企业实行统一配送的比例更低。随着发达地区经济的高速发展,企业实力的不断壮大,这种差距将越来越大。

3.配送技术、设备落后,配送效率低下

我国连锁超市配送的各种软硬件设备、技术相对发达国家还很落后,信息系统不完善,机械化作业水平低。由于我国的劳动力价格比较便宜,而机械化作业需要大量设施与设备的投资,而且投资回收期长,更使得许多企业不愿意高资金投入现代化技术、机械化设备。但是人工作业不但效率低,而且出错率高,继而使供货的及时性、准确性和经济性也都受到影响。

（二）连锁企业现代配送模式发展趋势

我国的连锁企业配送的发展还处于初级阶段,通过对发达国家连锁企业配送发展情况分析,在某种程度上可以发现我国连锁企业配送模式的发展趋势。结合我国国情,现阶段我国连锁零售企业的配送发展趋势呈现在以下几个方面:

1.物流配送体系建设步伐加快

连锁零售业态(包括大卖场、超市、小型市场及便利店)物流配送体系建设步伐加快,无论是自建还是委托第三方,都在提升配送能力和响应速度。比如家乐福(中国)内部正在计划建立区域性物流配送中心,大致分为华东区、东北区、西南区、华南区、华中区等分部。而在此之前,由于单店管理能力很强,家乐福(中国)并没有大型的配送中心,所有商品均由供应商直接送到店里,配送成本也由供应商自行负担。

2.增加或加强冷冻生鲜食品的配送功能

随着零售市场的竞争加剧,居民生活水平的不断提高,人们对快速食品、生鲜半成品和冷冻食品的需求逐渐增加,并对生鲜食品的品类、质量、鲜度等方面有了更高的要求,为了满足消费者日益增长的各种需求,大型零售企业设立食品加工中心和配送中心是物流配送的一个趋势。

3.促进代理型配送中心的发展

代理型的配送中心是指连锁店本身并不经营配送业务,配送业务由某供应商或配送中心代理完成。这一形式在国际上比较流行,而目前我国连锁店规模普遍较小,自身实力较弱,若依托这种社会化的专职代理机构,不仅可以避免由于连锁规模较小而导致较高的建筑费用的问题,还可以有效降低整个供应链上的配送成本,而且由于利用专业化的配送中心来提供服务,有利于提高配送中心的效率,并可以降低企业风险。